16	3	2	13
5	10	11	8
9	6	7	12
4	15	14	1

Apoio

Agradecimentos

  Consulado Geral
da República Federal da Alemanha   **Weiße Rose Stiftung e.V.**

Inge Scholl

A ROSA BRANCA

Organização
Juliana P. Perez e Tinka Reichmann

Tradução
Anna Carolina Schäfer, Eline de Assis Alves,
Eraldo Souza dos Santos, Flora Azevedo Bonatto,
Janaína Lopes Salgado, Luana de Julio de Camargo,
Renata Benassi e Yasmin Cobaiachi Utida

editora■34

EDITORA 34

Editora 34 Ltda.
Rua Hungria, 592 Jardim Europa CEP 01455-000
São Paulo - SP Brasil Tel/Fax (11) 3811-6777 www.editora34.com.br

Copyright © Editora 34 Ltda. (edição brasileira), 2013
Die Weiße Rose © 2012 by Manuel Aicher, Dietikon (Switzerland)

A FOTOCÓPIA DE QUALQUER FOLHA DESTE LIVRO É ILEGAL E CONFIGURA UMA
APROPRIAÇÃO INDEVIDA DOS DIREITOS INTELECTUAIS E PATRIMONIAIS DO AUTOR.

A tradução desta obra contou com o apoio do Goethe-Institut,
que é patrocinado pelo Ministério das Relações Exteriores da Alemanha.

Título original:
Die Weiße Rose

Imagem da capa:
Hans Scholl, Sophie Scholl e Christoph Probst, Munique, 1942
(fotografia de Jürgen Wittenstein/akg-images/Latinstock)

Capa, projeto gráfico e editoração eletrônica:
Bracher & Malta Produção Gráfica

Revisão:
Cide Piquet
Cecília Rosas

1ª Edição - 2013, 2ª Edição - 2014 (1ª Reimpressão - 2020)

CIP - Brasil. Catalogação-na-Fonte
(Sindicato Nacional dos Editores de Livros, RJ, Brasil)

Scholl, Inge, 1917-1998

S724r   A Rosa Branca / Inge Scholl; organização
de Juliana P. Perez e Tinka Reichmann; tradução
de Anna Carolina Schäfer e outros. — São Paulo:
Editora 34, 2014 (2ª Edição).
272 p.

ISBN 978-85-7326-529-3

1. Alemanha - história - século XX.
2. Resistência ao nazismo. I. Perez, Juliana P.
II. Reichmann, Tinka. III. Título.

CDD - 940.5

A ROSA BRANCA

Apresentação à edição brasileira,
Juliana P. Perez e Tinka Reichmann 7

Prólogo à edição alemã, *Ilse Aichinger* 15

A Rosa Branca

A Rosa Branca, *Inge Scholl* 19

Panfletos 91
Observações sobre os objetivos da Rosa Branca,
Inge Scholl 113
Sentenças do Tribunal do Povo 121
Relatos e testemunhos 139
Reações e manifestações de apoio 219

Anexos

Rascunho do sétimo panfleto da Rosa Branca
por Christoph Probst 233
Discurso de defesa diante do Tribunal do Povo
por Kurt Huber 235

Posfácio à edição brasileira,
Rainer Hudemann 239

Glossário 259
Créditos das traduções e das imagens 269

Ao final do volume o leitor encontrará um glossário com palavras-chave para a compreensão dos textos e com os nomes das principais instituições históricas mencionadas.

As notas da edição alemã estão indicadas com (N. da E.).

Apresentação à edição brasileira

Juliana P. Perez e Tinka Reichmann

Seis pessoas, seis panfletos mimeografados, uns poucos milhares de leitores, a busca por liberdade e respeito. Nada mais perigoso para um regime ditatorial. Há setenta anos, em fevereiro de 1943, foram executados os primeiros membros do grupo de resistência ao nazismo que ficou conhecido como A Rosa Branca. Dois meses após a execução dos irmãos Hans e Sophie Scholl e de Christoph Probst, seguiu-se a condenação à morte de Alexander Schmorell, Willi Graf e Kurt Huber. Não eram escritores nem filósofos ou cientistas importantes, tampouco grandes homens de Estado ou revolucionários titânicos, mas jovens estudantes de medicina — Hans Scholl (1918-1943), Christoph Probst (1919-1943), Alexander Schmorell (1917-1943) e Willi Graf (1918-1943). Além deles, Sophie Scholl (1921-1943) era estudante de biologia e filosofia, e Kurt Huber (1893-1943), professor de filosofia. Todos eram da Universidade de Munique. Juntos formavam o núcleo da Rosa Branca, cuja ação se resumiu à produção e distribuição de panfletos que denunciavam as mentiras e atrocidades do nacional-socialismo. Muitos outros também participaram direta ou indiretamente das ações contra o regime nazista e, em parte, sofreram duras consequências, como prisão e morte. Embora tenha sido um grupo pequeno, A Rosa Branca acabou se tornando um dos símbolos da resistência alemã. No exterior, entretanto, a oposição ao regime nazista ficou mais conhecida pela tentativa malograda de atentado contra Hitler, idealizada por militares da chamada Operação Valquíria, em 20 de julho de 1944. O escritor alemão Thomas Mann homenageou os atos corajosos da Rosa Branca em julho de 1943, num de seus discursos pela emissora BBC (reproduzido neste volume), quando já se encontrava exilado nos EUA.

Mas foi com o livro de Inge Scholl, a irmã mais velha de Hans e Sophie, que a história dos irmãos Scholl e do grupo de resistência se tornou conhecida como A Rosa Branca e foi amplamente divulgada dentro e fora da Alemanha. Por ter sido a primeira publicação sobre o tema, no início dos anos 1950, o texto de Inge Scholl caracteriza-se — como bem explica o historiador Rainer Hudemann no posfácio que acompanha a presente publicação — como um livro de memórias, uma coletânea de documentos e uma homenagem. As memórias e a homenagem são de alguém que teve dois irmãos assassinados pelo regime e não tinha acesso, num primeiro momento, aos documentos descobertos após a primeira edição do livro; recordação e homenagem também estão presentes nos testemunhos das pessoas que tiveram contato com os integrantes do grupo. Os documentos históricos são tanto as terríveis sentenças judiciais que condenaram Hans, Sophie, Schmorell, Probst, Graf e Huber à morte na guilhotina quanto os panfletos escritos por eles.

Um sétimo panfleto, que não chegou a ser impresso pelos estudantes, bem como o discurso integral de defesa do professor Kurt Huber diante do tribunal e um glossário complementam esta tradução inédita em língua portuguesa do livro de Inge Scholl. Agradecemos ao filho do professor Huber, o senhor Wolfgang Huber, por nos autorizar a publicar a tradução do discurso.

No glossário, procuramos elucidar as principais instituições históricas e alguns termos na sua acepção da época, já que a linguagem era um importante instrumento de manipulação do regime nazista, como foi documentado de maneira impressionante nas anotações do filólogo Victor Klemperer.[1] Vocábulos aparentemente positivos, como o nome do tribunal que condenou os membros da Rosa Branca, camuflam seu verdadeiro teor. O "Tribunal do Povo" foi, na verdade, um tribunal de exceção cuja função era eliminar sistematicamente os adversários políticos do regime. "Povo", aliás, é uma palavra usada repetidamente em diversas composições e derivações pelos nazistas, não para designar a população como um todo, mas somente os que se alinhavam ao sistema, excluindo, portanto, todos os outros indivíduos e grupos sociais ou políticos indesejados.

A ideia de traduzir o livro não surgiu, num primeiro momento, como um projeto editorial. A tradução foi iniciada em 2009, como um projeto didático na Universidade de São Paulo. O trabalho com o livro parecia interessante não apenas por apresentar a história de um grupo de resistência ao nazismo, tema pouco discutido no Brasil, mas também por conter diversos tipos de textos, que ofereciam material rico para o ensino de tradução. Cada um dos textos — o ensaio de Inge Scholl, as sentenças, os panfletos, os testemunhos de época — exigiu estratégias tradutórias diversas, às quais os estudantes se dedicaram com paixão. Durante três anos, Anna Carolina Schäfer, Eline de Assis Alves, Eraldo Souza dos Santos, Flora Azevedo Bonatto, Janaina Lopes Salgado, Luana de Julio de Camargo, Renata Benassi e Yasmin Cobaiachi Utida dedicaram-se a estudar a história do grupo e a traduzir os textos, em oficinas tão intensas quanto divertidas; alguns deles traduziram mais textos, outros menos; todos, porém, em maior ou menor medida, tiveram suas

---

[1] Victor Klemperer, *LTI: a linguagem do Terceiro Reich*, tradução de Miriam Oelsner, Rio de Janeiro, Contraponto, 2009.

Apresentação à edição brasileira

vidas marcadas pela história dos estudantes de Munique. (Agradecemos ao professor Tercio Redondo, que traduziu os textos de Schiller e de Goethe citados no primeiro panfleto, ao professor Marco Antonio Zingano, que nos auxiliou com as traduções de Aristóteles e, também, a David Farah, que contribuiu com a revisão do ensaio.)

Ao observar o envolvimento e o desenvolvimento intelectual e pessoal dos nossos estudantes, bem como a qualidade que os exercícios de tradução foram alcançando no decorrer dos semestres, decidimos transformar o que era um projeto didático em um projeto editorial. Felizmente, o editor Cide Piquet também se entusiasmou com o projeto, caso contrário não teria enfrentado com tanto empenho as dificuldades práticas que envolveram a publicação do livro no Brasil. A ele nosso sincero agradecimento, e também ao Instituto Goethe pelo fomento à tradução.

Em nosso artigo "Seis panfletos: história, retórica e tradução",[2] já abordamos a relevância dos fatores extratextuais para a tradução dos panfletos da Rosa Branca. O estudo do contexto histórico e político da Rosa Branca e da carga ideológica contida na linguagem nazista foi uma fase fundamental que antecedeu a tradução. Os jovens tradutores consultaram diversas publicações sobre a Rosa Branca e sobre a história da resistência alemã, alguns até chegaram a visitar o Memorial da Resistência Alemã em Berlim e a Fundação Rosa Branca em Munique. Os historiadores da Fundação ajudaram a elucidar algumas dúvidas de conteúdo em relação ao livro e se dispuseram a trazer a exposição sobre a Rosa Branca ao Brasil. O ponto alto da visita à Fundação foi co-

---

[2] Tinka Reichmann e Juliana P. Perez, "Seis panfletos: história, retórica e tradução", em V. Atayan e U. Wienen (orgs.), *Sprache — Rhetorik — Translation*, Frankfurt/M., Lang, 2012, pp. 213-23.

nhecer pessoalmente o filho do professor Kurt Huber e o senhor Franz Müller, de 87 anos, que em 1943 fora condenado pelo "Tribunal do Povo" a uma pena de prisão de cinco anos por ajudar a distribuir panfletos. Ambos dispuseram-se a responder várias perguntas relacionadas à temática. Agradecemos à Fundação Rosa Branca pelo seu apoio nos preparativos do livro e da exposição, em especial a Hildegard Kronawitter, Ursula Kaufmann e Sandra Knösel.

Em encontros regulares, discutimos intensamente o texto de partida e buscamos cuidadosamente a tradução mais adequada. Prevaleceu sempre o respeito ao texto original e a preocupação com a "justa medida" na tradução. Durante as pesquisas, também notamos a ausência de material sobre a resistência alemã em língua portuguesa. Com esta tradução, portanto, pretendemos contribuir para dar acesso aos leitores brasileiros a esse tema tão complexo e fascinante e assim fazer valer o papel da tradução como um importante meio de difusão cultural.

Se há muitos dados históricos novos, se houve outros grupos de resistência na Alemanha — Jüdischer Kulturbund, Kreisauer Kreis, Schulze-Boysen/Harnack Organisation, por exemplo —, de diversas tendências políticas e religiosas, e se todos eles foram, mais cedo ou mais tarde, violentamente reprimidos pelo regime, o que faz da Rosa Branca algo tão especial, a ponto de comover leitores brasileiros, separados dos eventos de Munique por setenta anos de história e mais de 10 mil quilômetros de distância? Certamente o que chama a atenção num primeiro momento é a desproporção entre os meios utilizados pelo grupo — seis panfletos mimeografados — e a violentíssima resposta do regime nazista.

Outro aspecto marcante é o poder de análise crítica que os jovens demonstram nos seus textos e o forte desejo de abrir os olhos da população: "[...] desde a tomada da Polô-

Apresentação à edição brasileira

nia, *trezentos mil* judeus foram assassinados naquele país da maneira mais bestial. Aqui vemos o mais terrível crime contra a dignidade humana, um crime sem precedentes em toda a história da humanidade" (2º panfleto); "Rasguem o manto da indiferença com que vocês cobriram seus corações! Decidam-se *antes que seja tarde demais*!" (5º panfleto). Hoje em dia alguns trechos dos panfletos soam até mesmo proféticos: "Hitler está levando o povo alemão ao abismo, com precisão matemática. *Hitler não pode mais ganhar a guerra, apenas prolongá-la!* A culpa de Hitler e de seus cúmplices ultrapassou em muito qualquer limite imaginável" (5º panfleto).

Impressiona, sobretudo, a incomensurável liberdade interior que levou seis pessoas a dizerem o que todos precisavam ouvir: que era preciso denunciar a profunda mentira da ideologia nazista, que era preciso combater urgentemente a máquina de destruição, que era preciso defender, se necessário com a própria vida, a liberdade humana. Disseram-no com imensa coragem cívica, disseram-no com plena liberdade, disseram-no cientes de que teriam poucos leitores, de que talvez não fossem ouvidos, de que poderiam ser considerados traidores, de que poderiam ser abandonados, de que poderiam ser mortos.

Em um mundo tantas vezes ainda tão obscuro e dominado pela violência, a inabalável paixão dos integrantes da Rosa Branca pela liberdade de consciência e pela liberdade civil de cada pessoa é um testemunho luminoso e um imenso alento.

São Paulo, 15 de junho de 2013

Filmes sobre a Rosa Branca

Die Weiße Rose. Direção: Michael Verhoeven. Roteiro: Michael Verhoeven e Mario Krebs. Alemanha: TeleCulture, 1982.

Sophie Scholl. Die letzten Tage. Direção: Marc Rothemund. Alemanha: Entertainment GmbH, 2005. Tradução brasileira: *Uma mulher contra Hitler.*

Prólogo à edição alemã

Ilse Aichinger

Já se passaram cinquenta anos desde que os irmãos Scholl e seus companheiros, bem como simpatizantes de diversas regiões da Alemanha e da Áustria, anteviram com clareza o início das atrocidades e do terror — desde os primeiros indícios, ainda pouco perceptíveis para a maioria, até o auge da violência — e decidiram agir norteados por seus ideais. Seus feitos entraram definitivamente para a história.

Mas a palavra *história* remete ao passado — o que é perigoso, pois leva a crer que os acontecimentos ficaram para trás e não se repetirão nunca mais. Tendo em vista que as condições em que vivemos mudaram radicalmente nos últimos cinquenta anos, tal perspectiva é ainda mais perigosa. O bem-estar social, que tem se tornado cada vez mais natural para muitos de nós, encobre morte, tortura e terror, mesmo quando acontecem bem ao nosso lado, e induz a não acreditarmos no que, na verdade, sabemos.

A exposição irrefletida ao consumo e ao prazer endurece o coração, leva, de maneira talvez ainda mais perigosa, à agitação e à violência e reduz nossas possibilidades de contemplação do mundo, que deve ser observado de forma atenta, contínua e consequente. À medida que se busca desenfreadamente a realização material, aumentam o anonimato e a perda de identidade. Cada vez mais, os rostos das pessoas parecem refletir o desejo de não renunciar a nenhum desejo, o que as faz perder o que há de mais precioso. Confundir o que pode ser comprado nas ruas iluminadas e vitrines abarrotadas com o que realmente tem valor, mas não está à venda, torna o mundo vazio.

A fachada alegre e prazerosa do mundo, tão diferente da imagem de cinquenta anos atrás, minimiza a gravidade dos fatos históricos (Inge Scholl fala claramente sobre o perigo dessa banalização) e faz a alegria desaparecer dos corações — aquela alegria autêntica que acolhe até mesmo uma morte preciosa. O que recebemos em troca é uma morte qualquer e uma vida qualquer. Precisamos ficar atentos.

Viena, meados de 1992

A ROSA BRANCA

A Rosa Branca

Inge Scholl

Naqueles dias de fevereiro, já perto da primavera, logo após a batalha de Stalingrado, eu viajava de trem de Munique para Solln. Ao meu lado, na cabine do trem, estavam dois membros do partido nazista que conversavam em voz baixa sobre os acontecimentos mais recentes de Munique. Haviam escrito "liberdade" em letras grandes nos muros da Universidade, "Abaixo Hitler" pelas ruas, e panfletos espalhados pelo chão convocavam para a resistência: a cidade estava sob forte comoção, como se houvesse sofrido um abalo. Embora tudo permanecesse como antes e a vida seguisse como sempre, algo havia se modificado sutilmente. Foi o que percebi pela conversa sussurrada dos dois homens na cabine, sentados um diante do outro, levemente inclinados para a frente. Falavam do possível fim da guerra e do que fariam se isso acontecesse de repente. "Não haverá outra opção a não ser se matar com um tiro", disse um deles olhando rapidamente para mim, para ver se eu havia entendido alguma coisa.

Qual não terá sido o alívio desses dois homens, ao verem, alguns dias depois, cartazes em vermelho-fogo, pregados às pressas por toda a parte, para o apaziguamento da população, nos quais se lia:

Foram condenados à morte por alta traição:
Christoph Probst, 24 anos
Hans Scholl, 25 anos

Sophia Scholl, 22 anos
A sentença já foi executada.

A imprensa falou em individualistas irresponsáveis que, por meio de seus atos, teriam se excluído automaticamente da Comunidade do Povo. Corria de boca em boca que quase cem pessoas haviam sido detidas e que ainda haveria mais sentenças de morte. O presidente do Tribunal do Povo viera especialmente de Berlim, de avião, para resolver logo o assunto.

Mais tarde, em um segundo processo, foram condenados à morte e executados:

Willi Graf
Professor Kurt Huber
Alexander Schmorell

O que essas pessoas haviam feito? Em que consistiram seus crimes?

Enquanto uns zombavam deles e os difamavam, outros falavam em heróis da liberdade.

Mas podemos chamá-los de heróis? Eles não fizeram nada de sobre-humano. Defenderam algo simples, lutaram por algo simples, pelos direitos, pela liberdade e pelo desenvolvimento livre do indivíduo: por uma vida livre. Eles não se sacrificaram por nenhuma ideia extraordinária, não perseguiram grandes objetivos; o que queriam era que pessoas como eu e você pudessem viver em um mundo humano. E talvez esteja aí sua grandeza: em terem lutado e arriscado suas vidas por algo tão simples, em terem tido forças para defender o direito mais básico com o sacrifício último. Talvez seja mais difícil lutar por uma boa causa e entregar a ela sua vida de modo individual e solitário, sem um objetivo maior, sem respaldo de alguma organização, sem nenhum tipo de obrigação, sem grandes ideais, sem o entusiasmo geral. Talvez o verdadeiro heroísmo consista justamente nisso: em defender com persistência o cotidiano, o pequeno, o imediato — depois de se ter falado tanto dos grandes temas.

A cidadezinha sossegada de Kochertal, onde passamos nossa infância, parecia esquecida pelo resto do mundo. A única ligação com ele era um coche amarelo dos correios que levava os moradores a solavancos, num trajeto demorado, até a estação de trem. No entanto, meu pai, o prefeito, via com grande preocupação as desvantagens desse isolamento e logo se empenhou em uma luta obstinada contra os últimos camponeses teimosos, até que finalmente uma estrada de ferro foi construída.

Para nós, o mundo dessa cidadezinha não parecia pequeno, mas vasto, grande e esplêndido. Rapidamente percebemos que esse mundo também ia muito além do horizonte onde o sol nasce e se deita.

Mas, um dia, partimos de trem pela nossa querida estrada de ferro, com todos os nossos pertences, para uma cidade mais adiante na região montanhosa da Schwäbische Alb. Um grande passo foi dado quando descemos em Ulm, a cidade às margens do Danúbio, que agora viria a ser o nosso lar. Ulm: soava como o toque do sino maior da grandiosa catedral. No início, sentíamos saudades de casa. Porém, logo as novidades atraíram a nossa atenção, principalmente a escola secundária, onde nós, cinco irmãos, ingressamos, um após o outro.

Numa manhã, na escadaria da escola, ouvi uma colega dizer à outra: "Agora Hitler chegou ao governo". E o rádio e todos os jornais anunciavam: "Agora tudo ficará melhor na Alemanha. Hitler tomou as rédeas".

Pela primeira vez, a política entrou em nossas vidas. Na época, Hans tinha 15 anos e Sophie, 12. Ouvíamos falar muito em companheirismo, Comunidade do Povo e amor à pátria e à terra. Esses conceitos nos impressionavam, e prestávamos muita atenção quando falavam sobre eles na escola ou nas ruas, pois amávamos muito nossa terra, as florestas, o rio e os antigos e cinzentos platôs de pedra que se erguiam entre pomares e vinhedos nas encostas íngremes. Quando pensávamos em nosso país, nos lembrávamos do aroma de musgo, de terra úmida e da fragrância de maçãs. E amávamos e confiávamos em cada palmo daquela terra. A pátria se distinguia como um grande espaço que acolhe todos os que falam a mesma língua e pertencem ao mesmo povo. Nós a amávamos e nem sabíamos dizer por quê. Até aquele momento, pouco se falava dela. Mas, agora, a palavra pátria era escrita no céu em letras garrafais e luminosas.

E Hitler? Ouvíamos em toda a parte que Hitler queria trazer grandeza, felicidade e prosperidade a essa pátria, que ele se empenharia para que todos tivessem trabalho e pão, que não descansaria até que cada alemão fosse uma pessoa independente, livre e feliz em sua pátria. Achamos todos os propósitos muito bons e queríamos fazer de tudo para contribuir com a nossa parte. Mas, além disso, ainda havia algo que nos atraía e arrebatava com uma força misteriosa. Eram as densas colunas de jovens com suas bandeiras esvoaçantes, os olhares firmes para a frente, as batidas de tambor e as canções. Aquela comunidade não era algo absolutamente impressionante? Portanto, não era de se admirar que todos, Hans e Sophie e todos nós, ingressássemos na Juventude Hitlerista.

Envolvemo-nos de corpo e alma e não conseguíamos entender por que nosso pai não aprovava nossa decisão com orgulho e alegria. Muito pelo contrário, ele relutava e de vez em quando dizia: "Não acreditem neles, são lobos e caçadores de ursos e abusam terrivelmente do povo alemão". E, às vezes, ele comparava Hitler ao Flautista de Hamelin, que, com sua flauta, levava as crianças à ruína. Mas as palavras de nosso pai eram ditas ao vento, e sua tentativa de nos dissuadir fracassou diante de nosso entusiasmo.

Fazíamos passeios com os colegas da Juventude Hitlerista e desbravávamos nossa nova terra, Schwäbische Alb, uma região montanhosa, em longas excursões.

Caminhávamos muito e exaustivamente, mas não desanimávamos; estávamos entusiasmados demais para admitir nosso cansaço. Não era magnífico que, de repente, jovens que talvez nunca tivessem se conhecido fizessem algo unidos em um grupo? Havia encontros no alojamento à noite, líamos e cantávamos ou fazíamos jogos ou trabalhos artesanais. Ensinavam-nos que deveríamos viver para uma causa maior. Éramos levados a sério de uma maneira muito peculiar, e isso nos dava um ânimo especial. Acreditávamos ser membros de uma grande organização que incluía e reconhecia a todos, dos dez anos à idade adulta. Sentíamo-nos partícipes de um processo, de um movimento surgido da massa popular. Acreditávamos que certas coisas que nos aborreciam ou provocavam um leve dissabor seriam resolvidas. Uma vez, quando estávamos deitados na barraca para descansar, depois de um longo passeio de bicicleta sob um amplo céu estrelado, uma colega de quinze anos disse subitamente: "Tudo seria tão lindo — mas essa questão dos judeus eu não consigo engolir". A líder disse que Hitler sabia o que estava fazendo, e todos deveriam aceitar algumas coisas difíceis e incompreensíveis em nome da causa maior. No entanto, a garota não ficou totalmente satisfeita com a resposta, outros concordaram com ela e, de repente, reconheceu-se a opinião dos pais em suas palavras. Foi uma noite de acampamento inquieta

A Rosa Branca

— mas acabamos caindo num sono profundo. O dia seguinte foi agradável e repleto de aventuras. A conversa da noite ficou esquecida por algum tempo.

Em nossos grupos criou-se uma união que nos ajudou a superar as dificuldades e a solidão durante aqueles anos de desenvolvimento, mas que talvez tenha nos iludido também.

Hans reuniu um repertório de músicas, e os rapazes de seu grupo gostavam de ouvi-las quando ele as cantava ao violão. Ele não tinha só canções da Juventude Hitlerista, mas também canções folclóricas de diferentes nações e povos. Como era encantador escutar uma canção em russo ou norueguês com aquela profunda melancolia! O que essas canções não contavam sobre as características de seu povo e sua terra natal!

Mas, algum tempo depois, Hans passou por uma estranha transformação; ele já não era o velho Hans de sempre. Algo perturbador entrara em sua vida. Não eram as críticas do pai, pois ele podia ignorá-las fazendo-se de surdo. Era algo diferente. Os líderes haviam dito que as canções estavam proibidas. E, como ele rira, fora ameaçado com castigos. Por que ele não poderia cantar aquelas canções, que eram tão bonitas? Só porque foram compostas por outros povos? Ele não conseguia compreender, afligia-se e, aos poucos, começou a se fechar.

Nessa época, ele foi designado para uma tarefa muito especial. Deveria portar a bandeira até sua base na conferência do partido em Nuremberg. Sua alegria era imensa. No entanto, quando voltou, mal podíamos acreditar em nossos olhos. Parecia cansado, e seu rosto estampava um grande desapontamento. Sabíamos que ele não revelaria o motivo. Porém, aos poucos, descobrimos que a Juventude, apresentada a ele como um ideal, era totalmente diferente do que ele havia imaginado. Na Juventude Hitlerista, o treino soldadesco e os uniformes invadiam a vida pessoal — mas ele deseja-

Hans Scholl,
estudante de medicina,
nascido em Ulm em 22/9/1918,
executado em 22/2/1943.

va que cada jovem pudesse desenvolver o próprio potencial. Achava que cada indivíduo poderia contribuir às atividades do grupo com sua imaginação, criatividade e personalidade. Mas em Nuremberg tudo tinha de ser organizado segundo um padrão. Falava-se de lealdade dia e noite. Mas afinal o que era a pedra fundamental de toda lealdade: antes de tudo, ser fiel a si mesmo... Meu Deus! Hans começou a questionar muitas coisas.

Logo, uma nova proibição o inquietaria. Um dos líderes havia tomado de sua mão um livro de seu escritor favorito, Stefan Zweig, *Momentos decisivos da humanidade*, alegando que era proibido. Mas por quê? Não havia resposta. Em outro momento ouviu algo semelhante sobre o escritor alemão Fritz von Unruh, que ele também gostava de ler. O autor teve que deixar a Alemanha porque defendia o ideal pacifista.

Hans fora promovido a líder de patrulha havia algum tempo. Os rapazes do seu grupo haviam costurado uma bandeira esplendorosa com a imagem de um grande animal mítico. A bandeira tinha algo especial, era dedicada ao Führer, e os jovens tinham jurado lealdade a ela, pois era o símbolo de sua comunidade. Mas, uma noite, quando compareceram com a bandeira diante de um líder superior, aconteceu algo inacreditável. De repente, o líder mandou que o pequeno porta-bandeira, um alegre menino de doze anos, entregasse a bandeira.

— Vocês não precisam de uma bandeira especial. Usem aquela que é obrigatória para todos.

Hans ficou profundamente abalado. Como assim? Aquele líder não sabia o que essa bandeira significava para o seu grupo? Então ela não passava de um pano que poderia ser substituído por qualquer outro?

Mais uma vez, o líder ordenou que o menino entregasse a bandeira. Este ficou paralisado, e Hans sabia o que o menino estava sentindo e que não a entregaria. Quando o líder superior repetiu a ordem em tom ameaçador pela terceira vez, Hans viu que a bandeira tremia um pouco. Então não conseguiu mais se controlar. Saiu da fileira e deu um tapa no rosto do outro líder.

A partir de então, Hans deixou de ser o líder da patrulha.

A fagulha daquela dúvida torturante que havia se acendido em Hans alastrou-se entre nós.

Naqueles dias, ouvimos também uma história sobre um jovem professor que havia desaparecido misteriosamente. Ele foi obrigado a ficar parado diante de um grupo da SA, e todos tinham que passar por ele e cuspir em seu rosto — era uma ordem. Depois disso, o jovem professor nunca mais foi visto. Desapareceu em um campo de concentração.

— Mas o que foi que ele fez? — perguntamos a sua mãe, mal podendo respirar. — Nada, nada — disse ela, desesperada. — Ele não era nacional-socialista, simplesmente não conseguia fazer parte daquilo, esse foi o seu crime.

Meu Deus! A partir dali, a dúvida, que até aquele momento era apenas uma fagulha, transformou-se em profunda tristeza e, depois, em uma chama de indignação. Dentro de nós, o mundo puro em que acreditávamos começou a desmoronar, pedaço por pedaço. O que realmente haviam feito com a nossa pátria? Não havia liberdade, nem vida florescendo, nem prosperidade ou felicidade para os que viviam ali. Não, pouco a pouco a Alemanha fora cerceada até que todos se viram presos em uma grande masmorra.

— Pai, o que é um campo de concentração?

Ele nos relatou o que sabia e imaginava a respeito e acrescentou: — Isso é guerra. Guerra em meio à mais profunda paz e contra o próprio povo. Guerra contra indivíduos

A Rosa Branca

indefesos, guerra contra a felicidade e a liberdade de seus filhos. Isso é um crime terrível.

E se esse desencanto angustiante fosse apenas um sonho ruim do qual acordaríamos no dia seguinte? Em nossos corações, começou a ser travada uma intensa batalha. Tentávamos defender nossos antigos ideais contra tudo o que havíamos visto e ouvido.

— Mas será que o Führer sabe algo sobre os campos de concentração?

— E como poderia não saber, se eles existem há anos e foram seus amigos mais próximos que os construíram? E por que ele não usou seu poder para fechá-los imediatamente? Por que qualquer pessoa que sai de lá é proibida de contar suas vivências sob ameaça das mais duras penas?

Começamos a ter a impressão de viver em uma casa que um dia já fora bonita e pura, mas em cujo porão, fechado, aconteciam coisas horríveis, más e sinistras. E assim como a dúvida aos poucos havia se instalado em nós, também surgiu o pavor, o medo, a primeira semente de uma incerteza sem fim.

— Mas como foi possível que algo assim tenha chegado ao poder, em nosso próprio povo?

— Em um tempo de muita miséria — explicou nosso pai —, qualquer coisa pode chegar ao poder. Pensem no que tivemos de aguentar: primeiro a guerra, depois as dificuldades do período pós-guerra, a inflação e a grande pobreza. E, depois, o desemprego. Quando o homem é privado das suas necessidades mais básicas e só enxerga o futuro como um muro cinza e intransponível, ele se deixa levar por promessas e propostas sedutoras, sem se perguntar quem as faz.

— Mas Hitler cumpriu sua promessa de eliminar o desemprego!

— Isso é verdade. Só não perguntem como! Ele impulsionou a indústria bélica, quartéis estão sendo construídos... Vocês sabem onde isso vai acabar?... Ele também poderia ter eliminado o desemprego através da indústria da paz — na ditadura isso é algo relativamente fácil de conseguir. Mas não somos gado, que fica satisfeito com um comedouro cheio. Só o bem-estar material nunca será suficiente para nos fazer felizes. Afinal de contas, somos pessoas que pensam livremente e têm suas próprias crenças. Um governo que interfere nisso não tem o mínimo respeito pelo ser humano. E isso é a primeira coisa que devemos exigir deles.

Essa conversa com nosso pai aconteceu durante um longo passeio na primavera. Mais uma vez, havíamos falado abertamente sobre todas essas questões para aliviar as incertezas.

Nosso pai ainda disse: "Quero apenas que vocês caminhem pela vida com liberdade e retidão, mesmo que seja difícil".

De repente, havíamos nos tornado amigos, ele e nós. E nenhum de nós reparava que ele era bem mais velho. Sentimos com satisfação que o mundo se tornara mais vasto. Ao mesmo tempo, entendemos que essa vastidão trazia consigo perigos e riscos.

A família tornou-se uma ilha pequena e segura naquela engrenagem que se tornava cada vez mais incompreensível e estranha.

Mas, além disso, havia outra coisa que marcou a vida de Hans e do meu irmão mais novo, Werner, entre os catorze e os dezoito anos, e lhes dava um vigor indescritível: a *Jungenschaft*, uma liga de estudantes formada por um pequeno grupo de amigos. Tais ligas existiam em diferentes cidades da Alemanha, principalmente naquelas em que ainda havia uma vida cultural ativa. Elas acolhiam os últimos resquícios das Associações de Jovens e já haviam sido proibidas pela Gestapo há algum tempo. Para poder continuar a existir, a *Jun-*

genschaft foi incorporada ao *Jungvolk*, uma subdivisão da Juventude Hitlerista para meninos entre 10 e 14 anos, e desapareceu dentro dela. Era previsível que isso não poderia dar certo por muito tempo, já que a *Jungenschaft* tinha seu estilo próprio, bastante impressionante, e em todos os aspectos se diferenciava deliberadamente da Juventude Hitlerista.

Os membros da *Jungenschaft* se reconheciam por suas roupas, suas canções e até por seu linguajar. Para esses jovens, a vida era uma grande aventura, uma expedição a um mundo desconhecido e sedutor. O grupo viajava nos fins de semana e, mesmo com o frio mais intenso, acampava em barracas feitas no modelo dos lapões, povo do extremo norte da Europa. Quando se sentavam ao redor da fogueira, liam textos ou cantavam e acompanhavam o coro com o violão, o banjo e a balalaica. Colecionavam canções de todos os povos e escreviam e compunham seus próprios cantos festivos e músicas divertidas. Pintavam e fotografavam, escreviam e compunham versos, e disso tudo surgiam magníficos diários de viagem e revistas, que ninguém conseguia imitar. No inverno, escalavam os morros alpinos mais distantes e esquiavam nas descidas mais perigosas; gostavam de lutar com floretes de manhã cedo; carregavam consigo os livros que eram importantes para eles e que lhes revelavam novas dimensões do mundo e de si mesmos. Rilke, por exemplo, Stefan George, Lao-Tsé, Hermann Hesse, o *Manual dos heróis* do líder de grupo Tusk, que desempenhou um papel importante na *Jungenschaft* (mas precisou fugir para o exterior nesse meio-tempo). Eles eram sérios e discretos, tinham seu próprio tipo de humor, com muita piada, ceticismo e zombaria. Divertiam-se correndo pelas florestas, despreocupados e cheios de energia, atiravam-se em rios gelados de manhã cedo, podiam permanecer em silêncio durante horas, deitados de bruços para observar animais silvestres e pássaros. Da mesma maneira, para descobrir a música, ficavam em silêncio e prendiam a respiração nos concertos. Podiam ser vistos no cinema quando algum bom filme estreava, ou no teatro quando uma peça comovia os espectadores. Andavam pelos museus na ponta dos pés, conheciam a fundo a catedral e suas belezas mais secretas. Amavam de modo especial os cavalos azuis de Franz Marc, os campos ardentes de trigo e os sóis de Van Gogh e o mundo exótico de Gauguin. Mas, na verdade, nada disso é muito preciso. Talvez seja até melhor não explicar muito, pois eles mesmos eram muito discretos e amadureciam silenciosamente rumo à maioridade, à vida.

Uma das cantigas preferidas dos jovens dizia:

Por um instante, cerra teus olhos e ouvidos
ao tumulto do tempo.
Não podes salvá-lo e para ti não há salvação
a menos que teu coração se entregue.

Tua tarefa é cuidar, persistir, ver
a eternidade no dia;
assim estás preso ao que acontece no mundo
e estás livre.

Virá o dia em que precisarão de ti,
então estejas totalmente pronto
e na chama que se dissipa
lança-te como o último cepo.

De repente, uma onda de prisões percorreu toda a Alemanha e destruiu esses últimos resquícios de um forte movimento juvenil, surgido no início do século XX.

Para muitos desses jovens, a prisão foi um dos choques mais profundos de sua juventude. E muitos deles compreenderam que a juventude, o movimento juvenil e a *Jungenschaft* tinham que acabar algum dia, pois eles precisavam dar o passo para entrar na vida adulta. Os diários pessoais, as revistas e os cadernos de canções foram confiscados e destruídos. Os jovens foram liberados depois de algumas semanas ou meses. Naquela época, Hans escreveu, na primeira página em branco de um de seus livros preferidos: "Arranquem-nos do corpo o coração — e vocês queimarão até a morte".

Essa fase juvenil acabaria de qualquer jeito, até mesmo sem a Gestapo. Foi o que Hans percebeu durante o seu primeiro contato com a cela cinzenta do presídio. Agora ele se concentrava no seu próximo objetivo, nos seus estudos, e escolheu a medicina.

Hans percebia que apenas o belo, a fruição estética da existência e o silencioso desenvolvimento rumo à vida adulta não eram mais suficientes — pois mal lhe podiam oferecer respaldo para enfrentar os perigos daqueles tempos. Sentia que no fundo restava um vazio inquietante, e que suas candentes perguntas não encontravam resposta. Nem em Rilke ou Stefan George, nem em Nietzsche ou Hölderlin. Mas Hans tinha a convicção de que a sua busca sincera o guiaria corretamente. Enfim, por meio de caminhos tortuosos, encontrou os filósofos antigos; conheceu Platão e Sócrates, deparou-se com os primeiros pensadores cristãos, estudou Agostinho. Descobriu Pascal. As Sagradas Escrituras ganharam um significado novo e surpreendente, a atualidade irrompeu em meio às palavras antigas, aparentemente áridas, conferindo-lhes o peso da convicção.

Passaram-se anos. A guerra interna, contra indivíduos, tornara-se uma guerra contra os povos: a Segunda Guerra Mundial.

Hans já havia começado a estudar na Universidade de Munique quando a guerra irrompeu. Inicialmente, haviam lhe concedido um prazo ainda indeterminado para prosseguir os seus estudos. Depois, foi convocado para uma Companhia Estudantil e, mais tarde, integrou a campanha francesa como enfermeiro. Reportado à Companhia Estudantil em Munique, pôde continuar a estudar. Mas era uma vida de estudante insólita: ora soldado, ora estudante, um dia no quartel, em seguida novamente na universidade ou na clínica médica. Eram dois mundos opostos, que jamais pareciam se conciliar. Essa vida cindida era extremamente difícil para Hans. Ainda mais pesado e difícil era ter que viver em um Estado em que a falta de liberdade, o ódio e a mentira haviam se tornado habituais.

As amarras da tirania não estavam se tornando cada vez mais sufocantes e insuportáveis? Cada dia vivido em liberdade não era um presente? Pois ninguém estava isento de ser preso, ou até de desaparecer para sempre, por causa de um comentário insignificante. Hans ficaria surpreso se no dia seguinte pela manhã a polícia secreta do Estado batesse à sua porta e pusesse um fim à sua liberdade?

Hans sabia muito bem que milhões de alemães pensavam como ele. Mas ai de quem arriscasse uma palavra franca, sincera. Seria encarcerado sem nenhum perdão. Ai de uma mãe que desabafasse sua alma aflita e amaldiçoasse a guerra. Tão cedo ela não voltaria à sua vida habitual. A Alemanha inteira parecia ser espreitada por ouvidos secretos.

Na primavera de 1942, encontramos várias vezes cartas mimeografadas, sem remetente, em nossa caixa de correio. Elas continham trechos de sermões do bispo de Münster, conde Galen, e irradiavam coragem e franqueza.

> "Toda a cidade de Münster ainda está sob o efeito da terrível devastação que nosso inimigo externo e adversário na guerra nos infligiu essa semana. Ontem, dia 12 de julho, no final dessa semana, a polícia secreta do Estado confiscou as duas filiais da Companhia de Jesus em nossa cidade, expulsou

os moradores de suas propriedades e obrigou os padres e irmãos a deixarem imediatamente, ainda no dia de ontem, não só suas casas, mas também as províncias da Vestfália e da Renânia. Ontem as irmãs também tiveram a mesma dura sorte. As casas e possessões da Ordem, junto com todo o inventário, foram expropriadas em benefício da chefia do distrito da Vestfália do Norte.

Foi assim que aconteceu a pilhagem do convento na Vestfália; há muito eles estão sendo devastados na Áustria, no sul da Alemanha e nas regiões recém-anexadas da Polônia, Luxemburgo, Lorena e outras regiões do Reich.

Aonde isso vai parar? Não se trata de arranjar alojamentos temporários para os moradores desabrigados de Münster. Os membros da Ordem estavam dispostos e decididos a limitar extremamente suas moradias, a fim de poder hospedar e alimentar desabrigados. Não, não era isso que estava em questão. No Convento da Imaculada, em Wikinghege, está sendo instalado, como eu pude saber, o Departamento de Cinema e Propaganda do Partido. Disseram-me que no mosteiro beneditino de São José seria instituída uma maternidade para mães solteiras. Nenhum jornal relatou até agora as vitórias certamente garantidas que, nos últimos dias, os oficiais da Gestapo conquistaram sobre religiosos indefesos e mulheres alemãs vulneráveis, nem as conquistas que a chefia do distrito obteve no próprio país, nas propriedades de compatriotas. Todos os protestos verbais e telegráficos foram em vão!

Não podemos lutar com armas contra o inimigo interno que nos atormenta e agride. Agora só há um meio de luta: suportar com força, rigor e persistência. Não fraquejar! Aguentar firme! Agora sabemos e vemos claramente o que está por trás dessa nova doutrina que nos tem sido imposta, que baniu o ensino religioso nas escolas, reprimiu nossas associações e agora quer destruir os jardins de infância: um ódio abissal contra o cristianismo, que ela quer exterminar.

Neste momento, não somos o martelo, mas a bigorna. Outros, quase sempre desconhecidos e apóstatas, nos martelam; através da violência querem dar nova forma ao nosso povo e até mesmo aos nossos jovens e querem desviá-los da postura correta diante de Deus. O que está sendo forjado agora são encarceramentos e expulsões injustas de pessoas inocentes. Deus estará com elas para que não percam a forma e a postura próprias da fortaleza cristã quando o martelo amargo da perseguição os encontrar e os ferir de maneira injusta.

Há alguns meses ouvimos notícias de que, por ordem de Berlim, pacientes que estivessem doentes há muito ou parecessem incuráveis fossem tirados à força dos hospitais e sanatórios para doentes mentais. Via de regra, os parentes recebem um comunicado pouco tempo depois, informando que o doente faleceu, o corpo foi cremado, e as cinzas podem ser retiradas. No geral, reina a suspeita, que é quase uma certeza, de que esses numerosos e inesperados casos de mortes de doentes mentais não ocorrem de forma natural, mas são induzidos deliberadamente; com isso se segue a doutrina que defende o direito de aniquilar as chamadas 'vidas indignas', ou seja, matar pessoas inocentes quando se julga que não possuam mais valor para o povo e para o Estado. Uma doutrina terrível que pretende

A Rosa Branca

justificar o assassinato de inocentes e autoriza, por princípio, a morte violenta dos que são incapazes de trabalhar, ou seja, inválidos, deficientes, doentes crônicos e idosos em idade avançada!"

Hans ficou profundamente agitado depois de ler aquelas linhas. "Finalmente alguém teve a coragem de falar." Por um tempo, ele contemplou pensativamente os papéis impressos e, por fim, disse: "Deveríamos ter um mimeógrafo".

Apesar de tudo, Hans possuía uma alegria de viver que não se extinguiria tão rapidamente. Sim, quanto mais o mundo ao seu redor se tornava soturno, mais clara e firme mostrava-se sua força interior. E ela se tornara mais forte depois da experiência da guerra na França. Ter estado tão próximo da morte fez sua vida ganhar um brilho especial.

Naquela época, Hans tinha uma sorte extraordinária para encontrar pessoas especiais. Em um dia de outono, conheceu Carl Muth, o grisalho editor da *Hochland*, uma revista conhecida, que havia sido proibida pelos nazistas. Na verdade, Hans tinha apenas que entregar algo na casa dele. Mas, com seus olhos claros, o idoso olhou bem para o rosto de Hans e, após trocar algumas palavras, convidou-o a retornar em breve. A partir de então, Hans o visitava regularmente. Ele podia ficar horas a fio na enorme biblioteca. Ali circulavam poetas, sábios e filósofos. A partir de suas conversas com eles, centenas de portas e janelas do mundo do conhecimento abriram-se para Hans. Mas Hans também percebeu que todos viviam como plantas de estufa, sem liberdade, e possuíam um grande desejo de voltar a respirar livremente, criar livremente e serem eles mesmos.

Entre os estudantes, Hans também encontrou alguns que pensavam como ele. Um deles chamou sua atenção por seu porte alto e pelo comportamento não militar. Era Alexander Schmorell, filho de um médico conceituado em Munique. Em pouco tempo cresceu uma amizade sincera entre os dois, que começou a colocar a vida rígida do quartel de pernas para o ar com incontáveis travessuras e ideias engraçadas. Shurik, como era chamado pelos amigos, via o mundo com olhos cheios de fantasia, como se o visse todos os dias pela primeira vez. Achava o mundo belo, original, engraçado e curioso. E o saboreava com um prazer infantil e generoso, e não o questionava muito. Assim como saboreava a alegria, também a devolvia de pleno coração. Podia ser generoso como um rei. Mas, ocasionalmente, por trás dessa alegria e de seu modo de viver tão livre e descompromissado, vislumbrava-se outra coisa, uma pergunta e uma busca, uma seriedade profunda e ancestral. Quando criança, migrara da Rússia com seus pais, após a Revolução, levado nos braços de uma babá. "Escapei da panela para cair na frigideira", dizia Shurik. Estou convencida de que a iniciativa dos atos de resistência da Rosa Branca partiu dele e de Hans.

Através de Alex, Hans ganhou mais um amigo entre os estudantes: Christl Probst. Hans sentiu imediatamente uma profunda afinidade com Christl. O mesmo amor pela criação, os mesmos livros e filósofos os comoviam. Christl conhecia as estrelas e sabia muito sobre as pedras e plantas das montanhas da Alta Baviera, onde se sentia em casa. Porém, o sentimento mais forte que compartilhavam era a busca pelo Uno que está por trás de todas as coisas, do homem e da sua história. Christl tinha uma grande admiração por seu pai, professor particular e um intelectual de grande sensibilidade. Talvez sua morte prematura tenha contribuído para o amadurecimento incomum do filho. Dos quatro estudantes, Christl era o único casado. Tinha dois filhos, de dois e três anos, respectivamente. Por esse motivo, mais tarde, quando os amigos já haviam decidido entrar na resistência ativa,

A Rosa Branca

tentavam conscientemente excluí-lo de ações perigosas, como a impressão e distribuição dos panfletos. Sem dúvida alguma, Christl desempenhou um papel muito importante na concepção e na elaboração dos textos.

Mais tarde, juntou-se mais uma pessoa: Willi Graf, um rapaz louro e alto, do estado do Sarre, bastante discreto, sensato e introvertido. Quando Hans o conheceu mais de perto, sentiu rapidamente que Willi pertenceria ao grupo. Willi Graf também refletia intensamente sobre questões filosóficas e teológicas. Sophie o descreveu assim: "Quando ele fala com seu jeito minucioso, dá a impressão de não poder falar antes de se identificar plenamente com o que diz. Por isso, tudo nele parece tão íntegro, autêntico e altamente confiável". O pai de Willi, gerente de um atacado de vinhos, já estava acostumado a que seu filho seguisse o próprio caminho. Ainda bastante jovem, Willi associara-se a um grupo de jovens católicos bastante dinâmico e fora alvo da mesma onda de prisões que atingiu Hans em 1937. Agora estudava medicina, como Christl, Alex e Hans.

Encontravam-se frequentemente em uma cantina italiana, após os concertos. E rapidamente sentiram-se à vontade na casa de Hans e de Alex. Recomendavam livros uns aos outros, liam juntos, discutiam ou repentinamente caíam em uma grande euforia e inventavam uma série de brincadeiras. Às vezes, fantasia, humor e vontade de viver simplesmente precisavam de espaço.

Era a véspera da partida de Sophie para Munique, poucos dias antes de seu aniversário de vinte e um anos. "Mal posso acreditar que amanhã vou começar a faculdade", disse Sophie, enquanto dava um beijo de boa-noite na mãe, que estava passando as blusas da filha no corredor. No chão, havia uma mala aberta com roupas limpas e com todas as

Alexander Schmorell,
estudante de medicina,
nascido em Munique em 16/9/1917,
executado em 13/7/1943.

mil coisinhas de que Sophie necessitaria em sua nova vida de estudante. Ao lado, havia uma bolsa com um bolo cheiroso, fresco e crocante. Sophie inclinou-se para sentir o perfume do bolo e viu também a garrafa de vinho que estava ao lado dos mantimentos. Sophie havia esperado ansiosamente por esse dia.

A espera já fora um duro teste de paciência. Primeiro, o serviço obrigatório do Reich, um semestre que parecia não acabar nunca. E então, bem no momento em que ela preparava o salto para a liberdade desejada, uma nova barreira: mais meio ano de serviço obrigatório de apoio à guerra. Decerto ela não queria ser sentimental, mas o que teve de suportar naquele período...

Ela não tinha medo do trabalho em si, mas do resto: a pressão, a atividade em massa no campo, o padrão a ser seguido. E até isso teria sido suportável, se necessário, caso suas convicções não a tivessem levado a uma profunda e permanente postura defensiva. Não seria uma falta de caráter imperdoável mexer um só dedo por um Estado que tinha como base a mentira, o ódio e a opressão? "Quero que vocês caminhem pela vida com liberdade e retidão", dissera o pai. Como isso era difícil! Para Sophie, o conflito às vezes era um fardo pesado demais, que a isolara de muitas meninas do serviço obrigatório. Então, ela se mantinha em segundo plano e tentava fingir que não estava ali. As outras meninas que pensassem dela o que quisessem. Foi naquela época que entendeu o que a saudade de casa e a solidão significam. Mas guardou duas coisas de sua família, daquele outro mundo, que lhe davam força e eram como esteios em um mar de estranheza e absurdo. Uma delas era a necessidade de cuidar muito bem de seu corpo — talvez isso fosse uma defesa contra o ambiente repugnante. Sua mente, porém, procurou amparo nos pensamentos de Santo Agostinho. Naquele campo, era proibido ter os próprios livros. Porém, ela mantinha seu

Christoph Probst,
estudante de medicina,
nascido em Munique em 6/11/1919,
executado em 22/2/1943.

volume de Santo Agostinho escondido num lugar seguro. Naquela época, houve um renascimento da literatura teológica, que abrangia desde os Pais da Igreja até os escolásticos, com São Tomás de Aquino como figura central, e continuava com os ousados sucessores da filosofia e teologia francesa moderna. Tal renascimento também incluía vertentes para além da religiosidade oficial. Em Santo Agostinho, Sophie achou uma frase que parecia ter sido escrita para ela, precisamente para ela, embora a frase já tivesse mais de mil anos: "Fizeste-nos para Ti, Senhor, e o nosso coração está inquieto enquanto não repousa em Ti". Ah! O que Sophie sentia já não era mais saudade da infância, era muito mais do que isso, e às vezes via o mundo como um lugar estranho, deserto, desolado, esquecido por Deus. Através de especialização e trabalho conjunto, os homens haviam desenvolvido a capacidade de erguer o edifício da cultura em toda a sua complexidade. Mas sempre caíam na situação de negarem a si mesmos e destruírem as obras uns dos outros, e não destruíam somente suas obras, mas, por fim, também a si mesmos.

Nas proximidades do campo, Sophie descobriu uma pequena capela. Ia para lá de vez em quando. Fazia-lhe bem sentar-se, tocar órgão e, nesses momentos, não fazer nada além de refletir e escutar a natureza, na qual seu mundo dilacerado suavemente se equilibrava e de novo ganhava ordem e sentido. Aproveitava cada instante livre para se perder no grande parque próximo ao campo, que era delimitado por florestas e prados. Deitava-se, completamente em silêncio, como um pequeno pedaço da natureza. Como era bonito o contorno de um pinheiro, que serena era a vida de uma árvore. Como era bonito o musgo no seu tronco, que consumia sua força com toda a naturalidade. Como a vida era grande e extraordinária. Sophie sentia que sua pele tinha se tornado fina e porosa, como se ela pudesse inalar a existência maravilhosa e bela das coisas. Mas então o conflito surgia nova-

Willi Graf,
estudante de medicina,
nascido em Saarbrücken em 2/1/1918,
executado em 12/10/1943.

mente no seu coração e arrastava o mundo inteiro para dentro de sua tristeza.

Mas agora ela era livre. E amanhã iria para Munique construir, ela mesma, sua vida, na universidade, junto com Hans...

A mãe ainda estava no corredor, passando roupas. Passava o ferro cuidadosamente sobre a blusa de Sophie. Agora chegara também a vez de sua filhinha obstinada. O que seria dela no futuro? Uma onda de esperança atravessou o coração da mãe. Ah! Ela alcançaria seus objetivos, onde quer que estivesse, seria bem-sucedida em tudo o que tomasse em suas mãos. Os pensamentos da mãe continuaram vagando de um filho para outro e se detiveram no mais novo. Ele estava na Rússia. O que ele estaria fazendo naquele momento? Desejou que a guerra acabasse o quanto antes e que todos estivessem reunidos novamente em volta da mesa. Ajoelhou-se no chão e fechou a mala. "Eles estão nas mãos de Deus", disse e começou a arrumar as coisas. Cantarolava, e, de repente, percebeu que era uma velha canção que ela sempre cantara para seus filhos na hora de dormir. "Estenda suas asas..."

Nossa mãe não era daquelas que vivia com medo e preocupação pela segurança dos filhos. Ao contrário, ela se abstinha de advertências quando Hans e Werner partiam para as suas viagens aventurosas. Uma vez, quando voltaram para casa, ela disse para mim, em segredo: "Vocês não imaginam o medo que eu sinto. Mas prefiro morder a língua a estragar a diversão deles com meu lamento".

Mas agora o coração tranquilo da mãe às vezes era atormentado por uma grande e estranha preocupação. É que algum tempo antes, a campainha tocara de manhã bem cedo, e três homens da polícia secreta do Estado quiseram falar com nosso pai. Primeiro, houve uma longa conversa, em seguida, uma revista pela casa e, depois, eles foram embora levando nosso pai. Naquele dia, sentimos na pele que éramos

Sophie Scholl,
estudante de biologia e filosofia,
nascida em Ulm em 9/5/1921,
executada em 22/2/1943.

terrivelmente impotentes. O que significava um ser humano naquele Estado? Um pouquinho de poeira que se remove com a ponta dos dedos. Nosso pai só foi libertado da prisão por um acaso especialmente feliz. Mas lhe disseram que o "caso" ainda não estava resolvido. Ele tinha sido denunciado por uma funcionária a quem imprudentemente dissera sua opinião sobre Hitler. Ele o chamara, na frente dela, de flagelo da humanidade.

O que viria a seguir? Às vezes tínhamos muita esperança de que tudo ficaria bem de novo. Contudo, nossos corações sempre eram tomados por um sentimento gélido e torturante de que havia uma garra terrível sobre nós, que poderia nos aniquilar a qualquer momento, e ninguém sabia quem seria a próxima vítima.

"Que ninguém fira essa criança", a mãe cantava persistentemente sua canção até o fim. Hoje, a alegria desenfreada de Sophie e os muitos preparativos para sua partida espantavam o receio do seu coração.

Ainda vejo minha irmã diante de mim, na manhã seguinte, pronta para a viagem e cheia de expectativa. Uma margarida amarela do jardim da mãe foi colocada em seus cabelos, e ela estava linda, como só ela, os cabelos castanhos escuros lisos e brilhantes caindo sobre os ombros. Com seus grandes olhos castanhos ela avaliava o mundo, examinando tudo com um interesse vivo. Seu rosto ainda era infantil e delicado. Trazia em si um pouco da curiosidade farejante de um animal jovem e uma grande seriedade. Quando Sophie finalmente entrou no átrio da estação de Munique, viu de longe a alegria no rosto do seu irmão. Então, em um instante, tudo se tornou familiar! "Hoje à noite, você vai conhecer meus amigos", disse Hans. Ele era alto e andava com passos seguros a seu lado.

À noite, todos se encontraram no quarto de Hans. Além de Sophie, o centro da comemoração era seu bolo de aniversário, uma raridade naqueles tempos. Alguém teve a ideia de ler poemas e os outros teriam que adivinhar de qual poeta seria. Todos estavam fascinados com este jogo. "Agora então vou propor uma charada bem difícil", disse Hans entusiasmado. Ele vasculhou sua carteira, tirou uma folha datilografada e leu em voz alta:

Do esconderijo vem
Um rato, a vadiar;
As bolsas quer roubar
E encontra melhor bem:
Encontra sordidez
Por nada, e só besteira,
e rasgada a bandeira,
E um povo em estupidez.

Encontra na sua andança
Um tempo acre, vazio,
E sem pudor, sombrio,
Ele, profeta, avança.
Num lixo se alça o rato
E apoia o pé canalha,
E saudações espalha
Ao mundo estupefato.

Envolto em vilania,
Em nuvem de fumaça,
O enganador da massa
Começa a tirania,
Com muitas mãos que ajudam,
De todas as linhagens,

A Rosa Branca

Procuram só vantagens
E em suas ordens grudam.

Sua ideia multiplicam,
Tal como outrora o pão
Dado de mão em mão,
Que hoje todos duplicam!
Antes só o cão mentia,
Hoje há milhões mentindo;
E qual o mar rugindo
Abrindo vão sua via.

Veloz avulta a messe,
O campo, desvalido,
O povo, corrompido,
Gargalha — e a infâmia cresce!
E agora, enfim, se atesta
O que fora invenção:
Os bons já lá se vão
Os ratos fazem festa!

Mas quando se quebrar
Qual geleira este horror,
Esta peste, o terror,
Disso enfim vão falar.
E no campo as crianças
Vão montar um espantalho,
Queimar a dor no orvalho,
Recriar luz e danças.

Por um instante reinou o silêncio. "Isso é excelente", disse Christl perplexo. "Grandioso, Hans. Você deveria dedicá-lo ao Führer. Isso tem que sair no jornal *Völkischer Beobachter*", disse Alex, encantado com o duplo sentido dos versos. De quem poderia ser o poema? — "Foi escrito por Gottfried Keller no século passado." — "Tanto melhor: poderíamos mandar fazer cópias sem precisar pagar os direitos autorais e espalhá-los de avião por toda a Alemanha."

Sophie lembrou-se da garrafa de vinho. Alex propôs gelar o vinho no Englischer Garten. "Vejam a lua, grande e dourada como um bom ovo estrelado. Precisamos saboreá-la." Foram para o Englischer Garten e, eufóricos, arrastaram a garrafa, presa a um longo barbante, pelo riacho Eisbach, que estava gelado. Alex havia trazido a balalaica e começou a cantar. Hans pegou o violão. Estavam entusiasmados e cantavam com vigor, alegria e entusiasmo.

Naquela noite, Sophie dormiu no quarto de seu irmão. Ela ainda refletia sobre a noite. Primeiro, os estudantes haviam contado sobre seu trabalho nos hospitais e nos hospitais de campanha, onde eles prestavam serviço durante as férias. "Não há nada mais bonito do que ir de leito em leito e ter em suas mãos a vida em perigo. São as horas em que eu sou infinitamente feliz", dissera Hans. "Mas não é um absurdo", perguntou alguém, de repente, "que fiquemos em casa, em nossos quartos, estudando como curar as pessoas, enquanto lá fora o Estado diariamente provoca incontáveis mortes de jovens? O que estamos esperando? Que um dia a guerra acabe e todos os povos apontem para nós e digam que suportamos um governo assim sem resistência?"

De repente, surgira a palavra resistência. Sophie não lembrava mais quem a dissera primeiro. Em todos os países da Europa, a resistência despertava em face da miséria, do medo e da opressão que se instalavam com o poder de Hitler.

Ainda ao adormecer Sophie revisitou o poema de Gottfried Keller em pensamentos e, quase dormindo, viu sobre a Alemanha um céu azul cheio de panfletos esvoaçantes, que rodopiavam até o chão. "Devíamos ter um mimeógrafo", ela ouviu Hans dizer de repente.

A Rosa Branca

"Como?"

"Ah, esqueça, Sophiezinha, não queria incomodar."

Por meio de um jovem teólogo protestante, naquela época, tomamos conhecimento das "correções" nos fundamentos da fé cristã que estavam sendo preparadas pelo Estado para serem aplicadas depois da vitória final.

Eram intervenções medonhas e blasfemas, planejadas pelas costas dos homens que estavam nos *fronts* e tinham de suportar fadigas indescritíveis.

Secretamente também foram preparadas prescrições para moças e mulheres. Depois da guerra, elas deveriam reparar as terríveis perdas humanas através de uma política populacional tão sistemática quanto indecente. O chefe de distrito Gießler, durante uma grande assembleia para os estudantes, já bradara que, durante a guerra, as alunas não deviam "perder tempo" na universidade, mas "presentear o Führer com um filho".

Os estudantes haviam descoberto um professor que era, como afirmou um aluno, o melhor de toda a universidade. Era o professor Huber, professor de Sophie em filosofia; ele também havia adquirido certa reputação na área de estudos de canções folclóricas. Por causa dele, os estudantes de medicina também apareciam em suas aulas, e era preciso chegar cedo para encontrar um lugar. Para os estudantes que compartilhavam os mesmos ideais, não era difícil identificar a posição política de Huber nas alusões veladas que fazia em suas aulas. Ele falava sobre Leibniz e sua teodiceia. Eram aulas magníficas. Teodiceia, isto é: a justificação de Deus. A teodiceia era um capítulo extenso e complicado da filosofia. Especialmente difícil em tempos de guerra. Pois como reconhecer a mão de Deus em um mundo varrido por assassinato e miséria?

Kurt Huber,
professor de psicologia e filosofia,
nascido em Munique em 24/10/1893,
executado em 13/7/1943.

Quando um professor como Huber apresentava uma interpretação, esta se tornava uma experiência inesquecível, que lançava luz sobre uma realidade que não só pretendia se colocar além da ordem divina, mas até mesmo eliminar Deus. Não demorou muito para Hans travar conhecimento com o professor Huber, e este ia de vez em quando às reuniões do círculo para participar das discussões. O professor se mostrava tão ardentemente interessado pelos problemas quanto todos os outros. E embora seus cabelos já fossem grisalhos, ele era como um deles.

Não fazia nem um mês e meio que Sophie estava em Munique quando aconteceu algo inacreditável na universidade. Folhetos passavam de mão em mão, folhetos mimeografados. Uma estranha agitação tomou conta dos estudantes. Ondas de triunfo e entusiasmo ou de rejeição e raiva estouravam desordenadas. Sophie alegrou-se secretamente quando soube das notícias. Então havia mesmo algo no ar. Finalmente haviam ousado fazer alguma coisa. Ávida, ela pegou uma folha e começou a ler. Os "Panfletos da Rosa Branca", era o título. "Não há nada mais indigno para um povo civilizado do que se deixar 'governar' sem resistência por uma corja de déspotas irresponsáveis, movida por instintos obscuros". Os olhos de Sophie corriam pela folha. "Se cada um esperar que o outro tome a iniciativa, os mensageiros da vingativa Nêmesis se aproximarão inexoravelmente, até que a última vítima tenha sido lançada em vão à garganta do demônio insaciável. Eis por que, consciente de sua responsabilidade como membro da cultura cristã e ocidental, cada um deve, nesta hora derradeira, resistir da melhor maneira possível, combater o flagelo da humanidade, o Fascismo e qualquer outro sistema de Estado Absoluto semelhante a ele. Ofereçam resistência passiva — *resistência* — onde quer que vocês estejam, impeçam que essa máquina de guerra ateísta continue avançando, antes que seja tarde demais, antes que as últimas cidades se reduzam a montes de escombros, como Colônia, e antes que o último jovem do nosso povo seja imolado em algum lugar pela *hybris* de um sub-homem. Não esqueçam que cada nação merece o governo que ela tolera..."

As palavras soaram estranhamente familiares a Sophie, como se fossem os próprios pensamentos. Uma desconfiança prendeu seu coração com uma mão gélida. E se a observação de Hans sobre o mimeógrafo tivesse sido mais do que simples palavras desatentas? Não, isso nunca!

Quando Sophie saiu da universidade para o dia claro, a angústia a deixou. Como ela fora capaz dessa suspeita louca! Afinal de contas, havia uma indignação oculta fervilhando em todos os cantos de Munique.

Poucos minutos depois, estava no quarto de Hans. Havia um cheiro de jasmim e cigarro. Nas paredes, algumas reproduções de novos pintores franceses afixadas com alfinetes. Sophie ainda não tinha visto seu irmão, provavelmente ele estava na clínica. Queria esperar ali por ele. Não pensava mais no panfleto. Folheou um pouco os livros que estavam sobre a mesa. Havia um trecho assinalado com marca-página e com um risco fino a lápis na margem. Era um volume clássico de Schiller, com ar antiquado; a página aberta tratava sobre a legislação de Licurgo e Sólon. Ela leu: "Tudo pode ser sacrificado em favor do Estado, exceto quando o próprio Estado se torna um meio. Pois o Estado jamais é um fim em si mesmo; ele só importa como condição sob a qual a finalidade última da humanidade pode ser alcançada, e essa finalidade não é outra senão o desenvolvimento de todas as potencialidades do homem, o progresso. Se uma Constituição impede o desenvolvimento de todas as potencialidades do homem, se impede o progresso do Espírito, então ela é reprovável e perniciosa, por mais bem pensada que tenha sido e por mais que, a seu modo, seja perfeita...". Onde ela havia lido aquelas palavras, não tinha sido hoje mesmo? — O panfleto! Era lá que estavam essas frases. Por um longo e torturante momento, Sophie teve a impressão de não ser ela mesma. Um medo sufocante a dominou, e uma grande e única acusação contra Hans surgiu dentro dela. Por que logo ele? Ele não pensava no pai, nos familiares queridos que, de qualquer forma, já estavam em perigo? Por que ele não deixava isso para ativistas políticos, gente com experiência e prática? Por que ele não guardou sua vida para uma grande tarefa, justo ele, que tinha tantos talentos? Mas o pior de tudo era que ele, agora, era um fora-da-lei. Tinha saído da última zona de segurança. Agora estava na área de risco, à margem da vida, nessa dimensão temerária na qual cada novo espaço deve ser conquistado, passo a passo, com luta, esforço e sofrimento.

Sophie tentou dominar o medo. Tentou tirar o panfleto da cabeça. Já não pensava em resistência. Pensava em seu irmão, que amava tanto. Ele vagava em um mar ameaçador. Ela poderia deixá-lo sozinho agora? Poderia ficar aqui e observar como Hans corria para a perdição? Não era agora que deveria ajudá-lo?

Meu Deus, não seria possível frear tudo isso? Ela não podia trazê-lo de volta para a terra firme e segura e preservá-lo para seus pais e para si mesma, para o mundo e a vida? Mas ela sabia muito bem: ele ultrapassara os limites do espaço em que as pessoas se recolhem com segurança e conforto. Para ele não havia mais volta.

Finalmente, Hans chegou.

— Você sabe de onde vêm os panfletos? — perguntou Sophie.

— Hoje em dia, é melhor não saber algumas coisas para não colocar ninguém em perigo.

— Mas, Hans, ninguém consegue fazer algo assim sozinho. O fato de que hoje uma pessoa precise manter segredo sobre uma coisa dessas mostra como esse poder é sinistro, como é capaz de corroer até as relações humanas mais próximas e nos isolar. Sozinho, você não vai conseguir enfrentá-los.

No período que se seguiu, apareceram, em um curto intervalo, três outros panfletos da Rosa Branca. Também apareceram fora da universidade; chegavam às caixas de correio aqui e ali, por toda Munique. E também foram distribuídos em outras cidades no sul da Alemanha.

Depois não se soube mais nada sobre eles.

Na Companhia Estudantil, correu o boato de que os estudantes de medicina seriam destacados para uma missão no *front* russo durante o recesso escolar. De repente, pouco antes do encerramento do semestre, o boato tornou-se realidade por meio de uma ordem. Da noite para o dia, tiveram que fazer os preparativos para a partida para a Rússia.

Os amigos reuniram-se novamente; era a última noite antes de partirem. Queriam festejar a despedida. O professor Huber também participou e alguns estudantes de confiança haviam sido convidados. Embora já tivessem se passado semanas, todos ainda estavam sob o efeito dos panfletos. Nesse meio-tempo, assim como Sophie, os outros haviam se aproximado cautelosamente de Hans, tornando-se confidentes e cúmplices da grande responsabilidade. Nessa última noite, queriam rever e discutir tudo mais uma vez, de maneira pormenorizada e, ao fim de um debate sério e aberto, tomaram uma decisão: se tivessem a sorte de regressar da Rússia, a ação da Rosa Branca se expandiria e daria audacioso início a uma resistência dura e minuciosamente planejada. Era consenso que o círculo então precisaria ser ampliado. Cada um deveria verificar, com a maior cautela, quem de seus amigos e conhecidos era confiável o suficiente para ser iniciado. A cada um deveria ser atribuída uma tarefa precisa e importante. A articulação geral ficaria a cargo de Hans.

"Nossa tarefa será", disse o professor Huber, "trazer a verdade à tona na escuridão alemã, em alto e bom som, da maneira mais perceptível e clara possível. Precisamos tentar atiçar a fagulha da resistência que há em milhões de corações alemães honestos para que ela flameje com luz e coragem. As pessoas solitárias e isoladas que estão contra Hitler precisam perceber que um grande grupo de gente com ideias afins está com eles. Isso lhes daria coragem e persistência. Além disso, precisamos abrir os olhos dos alemães que ainda não perceberam as intenções sinistras do nosso regime e também despertar neles a decisão a favor da resistência e da defesa honesta. Talvez, na última hora, seja possível nos livrar da tirania e utilizar o momento maravilhoso para construir um mundo novo e humano com outros povos da Europa."

"E se não der certo?", alguém perguntou. "Duvido muito que seja possível ir contra essas muralhas de medo e horror, que sufocam na raiz qualquer iniciativa de levante."

"Mesmo assim precisamos arriscar", replicou Christl, com entusiasmo. "Então temos que mostrar, por meio de nossa postura e dedicação, que ainda não acabaram com a liberdade do homem. É importante ressaltarmos a dimensão humana para que todos vejam, e então, em algum momento, ela voltará a se impor. Precisamos arriscar esse 'não' contra o poder que se impõe arrogantemente sobre a esfera mais íntima e particular das pessoas e que deseja exterminar seus opositores. Precisamos fazer isso por amor à vida, ninguém pode nos livrar dessa responsabilidade. O nacional-socialismo é o nome para uma doença espiritual maligna que afetou o nosso povo. Não podemos ficar calados e assistir a essa lenta destruição."

Naquela noite, ficaram juntos por muito tempo. Em tais

conversas, em meio aos prós e contras, opiniões e reflexões, adquiriram a visão clara e firme que era necessária para construir sua fortaleza interior, pois custava muito nadar contra a corrente. Mais difícil e amargo ainda era desejar a derrota militar para o próprio povo, mas ela lhes parecia a única possibilidade para se libertarem do parasita que lhes sugava a medula.

Então os estudantes partiram. Munique tornou-se estranha e vazia para Sophie. Com o início do recesso escolar, ela foi para a casa dos pais.

Pouco tempo depois de Sophie chegar em casa, seu pai recebeu, pelo correio da manhã, a acusação do Tribunal Especial Político. Encenou-se uma audiência na qual ele foi condenado a quatro meses de prisão.

O pai, na prisão, e os irmãos e amigos, todos no *front* na Rússia, inalcançavelmente distantes.

A casa ficou muito quieta. Apesar disso, houve bons momentos, e Sophie desfrutou estar em casa. O lar era como um navio levado de maneira tenaz e constante sobre o profundo e lúgubre mar do tempo. Como um navio — que por vezes estremecia e tremia, como um bote sobre ondas fortes, escuras e imprevisíveis.

Durante um temporal, Sophie e um menino que morava conosco e que ela amava muito subiram rápido para o terraço no alto da casa para salvar as roupas da tempestade que se aproximava. Depois de um trovão forte e estrondoso, a criança levantou para ela os olhos cheios de medo. Então, Sophie mostrou-lhe o para-raios. Depois de ela ter explicado sua função, ele perguntou: "Mas o bom Deus sabe alguma coisa sobre o para-raios?".

A Rosa Branca

"Ele sabe tudo sobre para-raios e muito mais, senão não haveria mais pedra sobre pedra neste mundo. Você não precisa ter medo."

De vez em quando, a mãe recebia visitas de antigas amigas, irmãs diaconisas de Schwäbisch Hall. Naquela cidade, havia uma grande instituição para crianças com deficiência mental.

Um dia, uma das irmãs veio de novo, estava triste e resignada, e não sabíamos como ajudá-la. Enfim ela contou o motivo do seu sofrimento. Havia algum tempo, suas crianças estavam sendo levadas em grupos, em caminhões da SS, para serem mortas em câmaras de gás. Quando o primeiro grupinho não voltou de sua excursão misteriosa, surgiu uma estranha inquietação entre as crianças da instituição. "Para onde vão os caminhões, tia?" — "Para o céu", responderam as irmãs em sua perplexidade e impotência. A partir daquele momento, as crianças entravam cantando nos veículos desconhecidos.

"Só por cima do meu cadáver", é o que teria dito um médico de uma dessas instituições. Só mais tarde se soube que uma oposição persistente contra tal prática de assassinatos havia produzido algum resultado. Na fundação de caridade Bethel, por exemplo, o pastor Fritz von Bodelschwingh e seu colega, o pastor Paul-Gerhard Braune, conseguiram impedir a execução do plano nazista de morte.

Um soldado voltou da Rússia para passar alguns dias com sua família. Era pai de uma dessas crianças, e não perdia a esperança de que ela recuperasse a saúde mental. Amava a criança como só se pode amar o próprio filho. Mas, quando ele voltou da Rússia, o filho já estava morto.

No *front*, uma feliz coincidência conduzira Hans para perto do irmão mais novo. A alegria e a surpresa se deram quando, de repente, no meio da vasta Rússia, uma voz muito familiar perguntou por Werner em frente ao *bunker*.

Em um dia dourado no fim do verão, Hans recebeu a notícia da condenação do pai. Pegou um cavalo e se pôs a caminho para visitar Werner. "Recebi uma carta de casa", disse Hans, e a estendeu para o irmão mais novo. Werner leu e não disse nenhuma palavra. Olhou para longe, apertando os olhos, e ficou em silêncio. Então Hans fez algo incomum: pôs a mão sobre o ombro do irmão e disse: "Temos que lidar com isso de uma maneira diferente dos outros. Isso é uma condecoração".

Hans cavalgou lentamente para sua Companhia. Uma melancolia infinita o invadiu. Lembranças vinham-lhe à mente.

Durante a transferência para o *front*, eles haviam parado, por alguns minutos, em uma estação polonesa. Viu mulheres e moças curvadas ao lado dos trilhos, com picaretas de ferro nas mãos, fazendo trabalhos pesados, de homem. Levavam no peito a estrela amarela sionista. Hans lançou-se pela janela do vagão e andou em direção às mulheres. A primeira da fila era uma moça debilitada, com mãos finas e um rosto inteligente e bonito que indicava uma profunda tristeza. Hans não tinha nada que pudesse lhe dar de presente? Então se lembrou da sua "ração reserva", uma mistura de chocolate, passas e nozes. Deu-lhe discretamente a mistura, mas ela a lançou a seus pés, afobada. Ele a pegou do chão, sorriu para ela e disse: "Eu queria muito lhe dar uma pequena alegria". Então ele se abaixou, colheu uma margarida e a colocou, junto com o pacotinho, aos pés dela. Mas o trem já começava a se movimentar e, com passadas longas, Hans embarcou de um salto. Da janela, viu que ela estava parada e seguia o trem com os olhos, a margarida branca no cabelo.

A Rosa Branca

Mais tarde, Hans reparou nos olhos de um ancião judeu no fim de um grupo de pessoas que iam para os trabalhos forçados. Seu rosto expressava uma sabedoria e um sofrimento que Hans nunca havia visto. Perplexo, ele pegou sua tabaqueira e a colocou discretamente na mão do velho. Hans jamais se esqueceria do súbito laivo de felicidade que faiscou naqueles olhos.

E então ele pensou naquele dia de primavera em um hospital de campanha na Alemanha. Um dos feridos deveria receber alta, os cirurgiões haviam feito um ótimo trabalho. Mas pouco antes disso, de repente, a ferida começou a sangrar novamente. Todos os esforços foram em vão. O homem sangrou tanto que morreu na mão dos médicos. Hans saiu abalado da sala. No corredor, encontrou a jovem esposa do falecido; ela viera buscar o marido, radiante de expectativa, com um buquê de flores coloridas nos braços.

Mas quando — quando, enfim, o Estado reconheceria que nada deveria ser mais importante para ele do que a pequena felicidade de milhões de pessoas comuns? Quando finalmente abriria mão de ideais que se esqueciam da vida, da vida simples e cotidiana? E quando reconheceria que o passo em direção à paz, por mais discreto e trabalhoso que fosse, era maior para o indivíduo e para os povos do que poderosas vitórias em batalha?

Os pensamentos de Hans se voltavam para o pai, na prisão.

No fim do outono de 1942, quando Hans e seus amigos regressaram da Rússia, o pai já estava novamente em liberdade.

As vivências no *front* e nos hospitais de campanha tinham amadurecido e endurecido Hans e seus amigos. Haviam lhes mostrado mais intensa e claramente a necessidade de se opor ao Estado e a sua monstruosa obsessão de extermínio. Os amigos tinham visto como, lá fora, a vida era desperdiçada e colocada em risco. Já que a vida deveria ser arriscada, por que não contra a injustiça gritante? Eles haviam regressado; agora deveriam colocar em prática a decisão que tomaram na noite de despedida.

Perto da moradia de meus irmãos, havia uma casa de fundos com um ateliê espaçoso. Um artista que era bem próximo do círculo de amigos tinha colocado o espaço à disposição deles quando fora destacado para o *front*. Ninguém morava na casinha onde os amigos se encontravam frequentemente. Às vezes reuniam-se à noite e trabalhavam horas a fio no porão do ateliê, com o mimeógrafo. Era um grande teste de paciência tirar cópias de milhares e milhares de folhas. Mas também sentiam uma grande satisfação por finalmente poder trabalhar e sair da passividade e inatividade.

Também devem ter passado várias noites divertidas com esse trabalho. Mas essa alegria era ofuscada por uma preocupação sobre-humana. Sentiam claramente o quanto estavam isolados e temiam que seus melhores amigos se afastassem, horrorizados, se soubessem das atividades. Pois só o fato de tomar conhecimento já era um perigo imenso. Nessas horas, estavam plenamente conscientes de que caminhavam à beira de um precipício. Quem podia saber se já não estavam no seu rastro, se os vizinhos que cumprimentavam inocentemente já não haviam tomado medidas para mandá-los todos à prisão? Se alguém não os seguia pelas ruas, observando seus passos? E se já não haviam tirado suas digitais? O chão firme da cidade havia se transformado em um tecido quebradiço; ainda estaria sob seus pés amanhã? Cada dia que chegava ao fim era um presente da vida, e cada noite que irrompia trazia a preocupação com o dia seguinte. Só o sono era um cobertor misericordioso. Às vezes, eram tomados por um enorme desejo de se livrarem por um único instante daquela difícil e perigosa atividade e de serem livres e despreocupados de novo. Havia momentos e horas em que tudo se tornava sim-

A Rosa Branca 61

plesmente pesado demais, e a insegurança e o medo os invadiam em ondas que sepultavam sua coragem. Então, não havia alternativa além de se refugiar no próprio coração, lá onde uma voz lhes dizia que estavam fazendo a coisa certa e que deveriam fazê-la mesmo se estivessem totalmente sozinhos no mundo. Acredito que nessas horas podiam falar livremente com Deus, Aquele que procuravam, tateantes, em sua juventude. Nessa época, Cristo tornou-se para eles o enigmático irmão mais velho, que sempre estava lá, ainda mais próximo do que a morte. O caminho que não permitia retorno, a verdade que respondia a tantas perguntas, e a vida, a vida em toda sua plenitude.

Outro trabalho importante, além da produção dos panfletos, era sua distribuição. Eles queriam que chegassem às mãos de destinatários na maior quantidade possível de cidades, para obter um grande efeito. Nunca haviam feito algo parecido. Tudo precisava ser preparado e testado. Quais eram as possibilidades de fazer chegar os panfletos às mãos das pessoas? Em quais localidades e lugares poderiam deixá-los para que muitos olhos pudessem descobri-los sem, entretanto, encontrarem pistas sobre os autores? Eles colocavam os panfletos em malas e seguiam com a carga perigosa até mesmo para as grandes cidades do sul da Alemanha, a fim de espalhá-los ali: Frankfurt, Stuttgart, Viena, Friburgo, Saarbrücken, Mannheim, Karlsruhe.

Precisavam colocar sua bagagem em algum lugar discreto do trem; precisavam fazê-la passar por numerosas patrulhas das Forças Armadas nacional-socialistas, da polícia ou mesmo da Gestapo, que inspecionavam os trens e, às vezes, também as malas. E nas cidades, às quais muitas vezes chegavam de noite e se deparavam com os alarmes antiaéreos, precisavam cumprir sua missão de modo hábil e proveitoso. E que sensação de vitória cada um deles sentia quando uma viagem dessas corria bem e era possível voltar dormindo no trem, aliviado e despreocupado, com a mala vazia e inofensiva guardada na rede de bagagem. E que preocupação a cada olhar que se detinha neles. Que susto, sempre que alguém vinha ao seu encontro; e que alívio quando passava direto. Coração e mente, sentidos e razão trabalhavam ininterruptamente, recapitulando se haviam aproveitado todas as possibilidades de encobrir as pistas. Satisfação e alegria, aflição e preocupação, dúvida e risco — assim se passavam os dias.

Nos jornais saíam cada vez mais notícias sobre sentenças de morte proferidas pelo Tribunal do Povo contra pessoas que se opunham ao tirano, mesmo que só com palavras. Hoje era um pianista, amanhã um engenheiro, um operário ou um diretor de fábrica. Entre eles havia padres, um estudante ou um oficial de alta patente, como Udet, que caiu exatamente no momento em que começou a incomodar. Pessoas sumiam de cena silenciosamente, como velas apagadas pela ventania. E quem não podia sumir silenciosamente recebia um funeral de Estado. Ainda me lembro muito bem do funeral de Rommel. Embora não fosse nenhum segredo que os capangas de Hitler obrigaram-no a se suicidar, todos os que possuíam um uniforme marrom estavam em Ulm para presenciar a cerimônia, do mais jovem integrante da Juventude Hitlerista ao mais velho membro da SA. E ainda me recordo como passei de fininho perto das bandeiras para não precisar cumprimentá-los.

As últimas páginas dos jornais estavam cobertas com obituários dos soldados mortos em batalha, com os típicos símbolos da cruz de ferro. Os jornais pareciam cemitérios.

Apenas a primeira página tinha um aspecto diferente. Era dominada por manchetes insuportavelmente grandes, como: "O ódio é nossa oração — e a vitória, nossa recompensa". Sublinhadas por traços grossos e vermelhos, que pareciam veias inchadas de fúria.

A Rosa Branca

"O ódio é nossa oração..."

"Vamos continuar a marchar até que tudo caia aos pedaços..."

Os jornais eram como campos minados. Não fazia bem a ninguém passear por eles. Toda a Alemanha era um campo minado, o tempo inteiro; nossa pobre pátria assolada.

Os jornais eram calados e lacônicos, não só por causa da escassez de papel. Tinham a tarefa de consumir o embotamento total das mentes e espíritos alemães. Não contaram uma palavra sobre o padre que foi levado para a cadeia porque incluíra publicamente, em seu pai-nosso dominical, um prisioneiro de guerra morto que havia prestado trabalhos forçados no vilarejo.

Os jornais nem sequer mencionavam o fato de serem pronunciadas não apenas uma, mas dezenas de sentenças de morte diariamente. O cinejornal *Wochenschau* falava de tudo, menos dos presídios que quase estouravam devido à superlotação, embora os detentos parecessem mais sombras e esqueletos do que seres humanos. O cinejornal não via os rostos pálidos por trás das grades, não ouvia os corações batendo, o grito mudo que atravessava a Alemanha inteira.

Ele não mencionou a jovem mulher que, depois do ataque aéreo, vagava por Dresden com a única coisa que lhe restara, seu filho morto, em uma pequena mala, à procura de um cemitério para enterrá-lo.

Ele não tinha como saber nada sobre o soldado alemão comum que foi invadido pelo pavor em algum lugar da Rússia quando viu, entre as duas linhas de combate, uma mãe intrépida e decidida arrastando pela mão seu filho morto, de quem não queria se separar, apesar de todos os esforços para convencê-la do contrário.

O jornal também não pôde escutar as conversas entre um amigo de meu pai e o capelão de um presídio em uma estação termal, na qual o sacerdote se recuperava de um colapso nervoso por ter sido obrigado a acompanhar, diariamente, vários condenados à morte para o cadafalso.

O jornal também não viu o rosto pálido daquele prisioneiro que, tendo cumprido sua pena, compareceu, radiante, ao portão para receber a sua ordem de libertação e pegar seus poucos pertences, e ao invés disso recebeu uma ordem de confinamento em um campo de concentração. Às vezes parecia um milagre que a primavera ainda existisse. A primavera chegou e trouxe flores ao mundo vazio e racionado, trouxe a esperança, e as crianças na rua jogavam seus jogos de sempre. No bonde de Munique, algumas crianças cantavam, despreocupadas: "Tudo passa, tudo é perdido — até Adolf Hitler e seu partido". Eram rebeldes a seu modo.

Os adultos, no entanto, mal se atreviam a rir, embora se pudesse perceber o quanto isso os aliviaria.

Uma noite, Sophie ficou esperando por Hans. Havia algum tempo, eles moravam juntos em dois quartos espaçosos. Sua senhoria estava quase sempre no campo, pois tinha medo dos bombardeiros que rondavam Munique noite após noite. Sophie recebeu de casa um pacote com maçãs, manteiga, um grande pote de geleia, um pedaço enorme de rosca e até biscoitos. Quanta fartura nesse tempo de fome — o jantar seria uma festa. Sophie esperou e esperou. Fazia tempo que ela não se sentia tão feliz. Ela pôs a mesa e a água do chá começou a fervilhar.

Havia escurecido, e nenhum sinal de Hans. A expectativa feliz de Sophie deu lugar a uma impaciência crescente. Queria telefonar para os amigos para saber onde ele estava. Mas não era possível, pois talvez a Gestapo estivesse monitorando as ligações. Sophie foi até a escrivaninha. Quis pelo menos tentar desenhar um pouco. Há muito não tinha tempo de se dedicar ao desenho. A última vez havia sido no verão

A Rosa Branca

65

anterior, junto com Alex. Mas esses tempos terríveis sufocavam tudo que não fosse a pura luta pela sobrevivência. Um manuscrito estava sobre a sua mesa, um conto que eles inventaram quando eram crianças e que sua outra irmã tinha anotado para ela, pois Sophie queria muito fazer um belo livro ilustrado. Mas não, também não conseguia desenhar agora; a espera e a preocupação devoravam completamente sua imaginação. Por que Hans não vinha?

Independentemente do que pensasse, não havia saída. O mundo inteiro estava sob uma nuvem de tristeza; será que o sol nunca mais voltaria a rompê-la? Lembrou-se do rosto da mãe. Em volta dos olhos e da boca às vezes se esboçava uma expressão de dor que nos deixava atônitos. Meu Deus — e assim como ela, milhares e milhares de mães...

Naquela época, Sophie escreveu em seu pequeno diário: "Muitas pessoas acreditam que nosso tempo será o último. Sinais terríveis os levam a crer nisso. Mas essa crença é de fato relevante? Pois toda pessoa não deve, independentemente da época em que vive, estar sempre preparada para prestar contas diante de Deus? Por acaso sei se ainda estarei viva amanhã de manhã? Uma bomba poderia aniquilar a todos nós esta noite. E nesse caso minha culpa não seria menor do que se eu sumisse junto com a terra e as estrelas. Não consigo entender que hoje pessoas 'devotas' duvidem da existência de Deus só porque os homens seguem o seu caminho com armas e atos abomináveis. Como se Deus não tivesse o poder (sinto que tudo está em suas mãos), todo o poder. Só precisamos temer pela existência dos homens, pois eles se afastam d'Ele, que é a sua vida".

Naquela semana, a batalha de Stalingrado tinha atingido seu auge. Milhares de jovens foram empurrados para o cerco da morte e sucumbiram de frio, de fome e se esvaíram em sangue. Sophie pensava nos rostos cansados das pessoas nos trens superlotados, debruçadas sobre crianças pálidas adormecidas, que fugiam da Renânia e das grandes cidades do norte... São Tomás de Aquino recomendara banho e sono para combater a tristeza. Dormir, era isso que Sophie queria agora. Dormir profundamente. Quando ela tinha descansado realmente pela última vez?

Ela acordou ao ouvir uma risada satisfeita e abafada e passos no corredor. Finalmente, Hans estava de volta. "Temos uma surpresa magnífica para você. Quando você andar pela rua Ludwigstraße amanhã, terá que passar umas setenta vezes pelas palavras 'Abaixo Hitler'." "E escritas na cor da paz, que eles não vão conseguir tirar tão rápido", disse Alex, sorrindo, satisfeito, ao entrar no quarto com Hans. Atrás dele apareceu Willi. Sem falar nada, pôs uma garrafa de vinho sobre a mesa. Agora sim a festa podia começar. E enquanto os estudantes duros de frio se aqueciam, contavam da ousada travessura da noite.

Na manhã seguinte, Sophie foi para a universidade um pouco mais cedo do que de costume. Fez um desvio e andou por toda a rua Ludwigstraße. E lá, finalmente, estava escrito em letras grandes e claras: "Abaixo Hitler — Abaixo Hitler...". Quando ela chegou à universidade, sobre a entrada resplandecia, na mesma cor, a palavra "Liberdade". Duas mulheres estavam ocupadas com esfregões e areia tentando apagar a inscrição. "Deixem a palavra aí", disse Sophie, "foi escrita para ser lida". As mulheres olharam para ela, sacudindo a cabeça. "Não entender." Eram duas russas que haviam sido trazidas para a Alemanha para trabalhos forçados.

Enquanto a Ludwigstraße passava por uma faxina rigorosa e árdua do deslocado clamor pela liberdade, a faísca saltara para Berlim. Um estudante de medicina, que tinha se tornado amigo de Hans, se encarregara de fundar uma nova célula da resistência em Berlim para reproduzir e continuar espalhando os panfletos feitos em Munique.

Willi Graf estabelecera contato com estudantes de Friburgo que haviam se decidido a partir para a ação e estavam preparados para apoiar o círculo de Munique.

Mais tarde, uma estudante, Traute Lafrenz, levou um panfleto para Hamburgo, e lá também um pequeno grupo de estudantes se dispôs a distribuir o panfleto.

Hans e seus amigos planejavam fundar uma célula após a outra nas grandes cidades, a partir das quais o espírito da resistência se espalharia em todas as direções.

Logo depois de voltar do *front* oriental, em novembro de 1942, Hans Scholl e Alexander Schmorell encontraram-se com Falk Harnack, o irmão de Arvid Harnack, do grupo de resistência Harnack/Schulze-Boysen, que foi vítima de um massacre do Tribunal do Povo. O grupo tornara-se conhecido na Gestapo pelo nome "Orquestra Vermelha". O encontro dos jovens com Falk Harnack deveria ser o primeiro contato com o núcleo do movimento de resistência em Berlim. Naquela ocasião, Hans desenvolveu um plano para fundar células estudantis ilegais em todas as universidades alemãs, que deveriam realizar ações panfletárias repentinas e articuladas. Falk Harnack aceitou promover um encontro de Hans e Alex com os irmãos Klaus e Dietrich Bonhoeffer, no dia 25 de fevereiro de 1943, em Berlim. No entanto, nessa data, Hans já estaria morto e Alex, em fuga.

Ainda se tentava eliminar os vestígios das pichações nas ruas; por fim, tiveram que cobri-las com papéis. Mas o professor Huber já estava preparando o esboço de um novo panfleto, que dessa vez deveria ser dirigido, sobretudo, aos estudantes universitários.

Enquanto ele e Hans ainda discutiam sobre a melhor maneira de imprimir ao texto a tristeza e a indignação da

Alemanha oprimida, Hans recebeu o aviso de que a Gestapo estava no seu encalço e de que ele provavelmente seria detido nos próximos dias.

Hans tendia a ignorar informações imprecisas como essa. Talvez fossem tentativas de pessoas que o amavam para dissuadi-lo de suas ações. Mas a falta de definição e exatidão dos dados gerava nele uma dúvida febril.

Não seria melhor deixar para trás essa vida tão difícil na Alemanha, com ameaças constantes, e fugir para um país livre, como a Suíça? Fugir e atravessar ilegalmente a fronteira não seria um problema para ele, que era bom conhecedor das montanhas e esportista resistente. Quantas situações já não vivera no *front* nas quais o sangue-frio e a presença de espírito o salvaram?

Mas o que aconteceria então com seus amigos, com seus parentes? Sua fuga imediatamente levantaria suspeita sobre eles, e da Suíça livre ele veria os outros serem arrastados para o Tribunal do Povo e para os campos de concentração. Não poderia suportar isso de jeito nenhum. Estava atado à Alemanha por uma centena de fios, e o sistema diabólico estava tão bem montado que ele poria em risco uma centena de vidas humanas, se fugisse. Ele precisava assumir sozinho a responsabilidade. Precisava ficar na Alemanha para tentar limitar ao máximo a desgraça, caso esta viesse a se concretizar, e arcar sozinho com todas as consequências.

Nos dias seguintes, Hans passou a trabalhar com zelo redobrado. Passava noite após noite no porão do ateliê, trabalhando no mimeógrafo com seus amigos e Sophie. A tristeza e o choque de Stalingrado não podiam se dissipar na rotina acinzentada, indiferente, da vida cotidiana, não antes de lançarem um sinal de que nem todos os alemães estavam dispostos a aceitar cegamente aquela guerra homicida.

Numa quinta-feira ensolarada — era 18 de fevereiro de 1943 —, o trabalho tinha rendido tanto que Hans e Sophie, antes de irem para a universidade, ainda puderam encher uma mala com panfletos. Ambos estavam animados e otimistas quando se puseram a caminho da universidade com a mala, embora Sophie tivesse tido um sonho que não conseguia afugentar: a Gestapo aparecia e ambos eram presos.

Logo que os irmãos deixaram o apartamento, Otl Aicher, um amigo, tocou a campainha, pois tinha um aviso urgente para os dois. Como não conseguiu descobrir aonde tinham ido, esperou. Talvez tudo dependesse desse recado.

Nesse meio-tempo, os irmãos chegaram à universidade. E como em poucos minutos as portas das salas se abririam, decidiram espalhar os panfletos pelos corredores e, do segundo andar, lançaram os que restavam na mala em pleno hall de entrada da universidade. Mas dois olhos os viram. Dois olhos que haviam se desligado do coração de seu dono e se tornado lentes automáticas da ditadura. Eram os olhos do zelador. Todas as portas da universidade foram imediatamente fechadas. Com isso, o destino de ambos foi selado.

A Gestapo foi acionada rapidamente e levou meus irmãos para a prisão, o famigerado Palácio de Wittelsbach. E então começaram os interrogatórios. Dias e noites, horas e mais horas. Apartados do mundo, sem contato com os amigos e sem saber se algum deles partilhava o mesmo destino. Sophie soube por uma colega de cela que Christl Probst fora "internado" algumas horas depois deles. Pela primeira vez, perdeu a compostura e um desespero furioso quis dominá-la. Christl, justamente Christl, a quem haviam poupado com tanto zelo porque era pai de três filhos pequenos. E naqueles dias, Herta, sua esposa, havia dado à luz o mais novo. Sophie enxergou Christl diante de si tal como o vira em um dia ensolarado de setembro quando o visitara com Hans, na sua pequena casa nas montanhas da Baviera. Ele tinha nos braços o filho de dois anos e fitava, como que encantado, o rosto sereno da criança. Sua mulher já não se sentia segura dentro das próprias quatro paredes, pois anos antes seus dois irmãos tiveram que fugir da Gestapo em surdina, e ninguém sabia muito bem se eles ainda estavam vivos. Mas se ainda houvesse uma faísca de justiça nesse Estado, pensou Sophie desesperada, então nada podia, nada deveria acontecer a Christl.

Todas as pessoas que ainda tiveram contato com eles naqueles dias, os outros presos, os capelães, os carcereiros e os próprios oficiais da Gestapo, ficaram muitíssimo impressionados com sua valentia e com a nobreza de sua postura. Sua serenidade e seu equilíbrio faziam um contraste estranho com a tensão nervosa que reinava no edifício da Gestapo. A ação causara grande inquietação até nos mais altos escalões do partido e do governo. Um triunfo silencioso da liberdade impotente parecia ganhar corpo, e a notícia corria como um primeiro vento de primavera pelas prisões e campos de concentração. Muitos dos que os conheceram na prisão relataram sobre os últimos dias e horas antes de suas mortes. Esses numerosos pequenos relatos são como minúsculos ímãs que, ao se encaixarem, formam um todo e compõem alguns dias de uma vida intensa. Era como se nesses dias se condensassem os muitos anos que não viveriam com redobrada força vital.

Após a morte de meus irmãos, meus pais, minha irmã Elisabeth e eu fomos presos por sermos parentes de réus condenados. Na prisão, durante as longas e intermináveis horas de sofrimento, eu refletia sobre o caminho de Hans e Sophie e procurava compreender o sentido de suas ações através do manto do luto.

No segundo dia da detenção de Hans e Sophie, ficou claro para eles que não escapariam da pena de morte. Primeiramente, antes que o peso das provas tornasse sem sentido qualquer tentativa de ocultar os fatos, eles vislumbravam e *queriam* enveredar por um caminho diferente: sobreviver até o fim da tirania e depois participar ativamente de uma nova vida. Poucas semanas antes, Hans havia declarado com firmeza — talvez tendo em vista as numerosas penas de morte então sentenciadas na época: "Isso precisa ser evitado de qualquer jeito. Precisamos viver para estar aqui mais tarde, pois precisam de nós. Prisão ou campo de concentração — que seja. Isso dá para superar. Mas não podemos arriscar a vida".

Agora, porém, a situação mudara de repente. Agora não havia mais retorno. Só restava uma alternativa: ter cautela e sobriedade para envolver o menor número de pessoas. E incorporar mais uma vez, com toda a clareza, aquilo que tinham querido defender e sustentar: o ideal de um ser humano livre e independente, e guiado pelo espírito...

Embora estivessem isolados um do outro, tinham uma postura em comum: assumiam a "culpa" inteira para si, tudo, tudo, para isentar o outro. Os oficiais da Gestapo esfregavam as mãos com as longas confissões. Os irmãos examinavam exaustivamente suas lembranças sobre o "crime" que lhes poderia ser imputado. Foi como uma grande competição para salvar a vida dos amigos. A cada interrogatório bem--sucedido, retornavam às celas, não raro com um laivo de satisfação.

Acredito que, naqueles dias, eles habitaram uma dimensão da existência que estava além dos vivos e, ao mesmo tempo, apartada da morte, numa profunda ligação com a vida. As medidas que os policiais tomavam para evitar que cometessem suicídio devem lhes ter parecido quase ridículas e absurdas. Não podia haver nenhuma lâmina ou objeto na cela e não podiam ficar sozinhos; outro prisioneiro deveria estar sempre com eles para que não dessem cabo da própria vida. Dia e noite, luzes intensas ficavam acesas nas celas dos condenados à morte.

Foram muitas horas difíceis diante da responsabilidade

e das preocupações, sobretudo para Hans. Os interrogatórios continuariam a correr como era preciso? Ele conseguiria conservar a presença de espírito necessária para dar as respostas certas e não deixar escapar nenhum nome ou algum suspeito? Eles participavam do interrogatório com vívido interesse. Segundo os relatos de seu companheiro de cela, Hans às vezes até estava em descontraída alegria nas curtas pausas que lhes concediam. Mas essa descontração se alternava com horas difíceis de preocupação pelos amigos e a dor de ter que sujeitar os parentes a uma despedida como essa.

Por fim, chegou a última manhã. Hans ainda mandou cumprimentos aos seus pais por seu companheiro de cela. Estendeu-lhe a mão com vigor, num gesto quase cerimonioso: "Precisamos nos despedir agora, enquanto ainda estamos sozinhos". Sem falar nada, virou-se e escreveu algo na parede branca. Reinava um grande silêncio. Mal Hans largou o lápis, ouviu-se o barulho das chaves, e os carcereiros chegaram, colocaram-lhe algemas e o conduziram para a audiência. Atrás dele ficaram as palavras na parede branca, palavras de Goethe, que o pai de Hans muitas vezes murmurara consigo mesmo, num ir e vir pensativo, e que Hans às vezes achara um pouco patéticas: "Preservar-se, apesar de toda a violência".

Não tiveram a possibilidade de escolher um advogado. É verdade que foi nomeado um defensor público, mas este não passava de uma marionete impotente. Não se podia esperar dele a mínima ajuda. "Se meu irmão for sentenciado à morte, não devo receber pena menor, pois sou tão culpada quanto ele", Sophie lhe explicou calmamente.

Naqueles dias, ela estava ao lado de seu irmão com todas as suas forças e pensamentos, preocupava-se muito porque pressentia o fardo que pesava sobre ele. Ela queria saber do advogado se Hans, como soldado que fora destacado para o *front*, teria direito à morte por fuzilamento. Obteve apenas

A Rosa Branca

uma resposta vaga. Mas o advogado chegou a se espantar com a pergunta seguinte: se ela seria enforcada em público ou guilhotinada. Ele não esperava uma pergunta dessas da boca de uma moça.

Sophie tinha um sono profundo de criança nessas últimas noites, exceto quando estava sendo interrogada. Só uma vez foi tomada por uma terrível agitação: no momento em que lhe entregaram a denúncia. Depois de ler o teor do documento, suspirou aliviada. "Graças a Deus", foi tudo o que disse.

Então ela se deitou em sua cama e murmurou reflexões sobre sua própria morte, em voz baixa e calma. "Um dia tão maravilhoso e ensolarado e eu preciso partir. Mas, hoje em dia, quantos outros não morrem no campo de batalha, quantas vidas jovens, cheias de esperança... Pouco importa a minha morte se conseguirmos sacudir e abrir os olhos de milhares de pessoas com os nossos atos." É domingo; lá fora, inúmeras pessoas despreocupadas passam pelas grades, aproveitando os primeiros raios do sol da primavera.

Quando Sophie foi despertada da sua última noite, ainda sentada na cama, ela contou seu sonho: "Em um dia ensolarado, eu levava no colo uma criança num longo vestido branco para o batismo. O caminho para a igreja conduzia ao topo de uma montanha íngreme. Mas eu segurava a criança bem firme. De repente, diante de mim se abria uma fenda de geleira. Só tive tempo de colocar a criança em segurança do outro lado — então caí do precipício". Ela tentava esclarecer o sentido desse sonho singelo à sua companheira de cela. "A criança é a nossa ideia, que irá prevalecer apesar de todos os obstáculos. Tivemos o privilégio de sermos os precursores, mas antes temos que morrer por ela."

Pouco tempo depois, sua cela também ficou vazia, a não ser pela denúncia, em cujo verso Sophie escrevera a palavra "liberdade", com traços suaves.

Meus pais receberam a notícia na sexta-feira, um dia depois da prisão de meus irmãos, primeiro de uma estudante que era nossa amiga e, mais tarde, pelo telefonema de um estudante desconhecido cuja voz já soava muito triste e sombria. Decidiram imediatamente visitar os filhos na prisão e fazer tudo o que estivesse a seu alcance para tentar aliviar a sorte de Hans e Sophie.

O que mais podiam fazer em sua impotência? Nessas horas aflitas e decisivas, temos a sensação de que é preciso mover mundos. Como no final de semana não eram permitidas visitas na prisão, eles foram para Munique na segunda-feira, acompanhados do meu irmão mais novo, Werner, que dois dias antes, inesperadamente, havia voltado da Rússia para passar algum tempo com a família. Jürgen Wittenstein, o estudante que havia comunicado a prisão por telefone, já os esperava na plataforma, agitadíssimo. Ele disse: "Não há tempo a perder; o Tribunal do Povo está reunido e o julgamento já está em andamento. Temos que nos preparar para o pior". Ninguém esperava que tudo acontecesse tão depressa, e só mais tarde viríamos a saber que se tratava de um "procedimento sumário", pois os juízes queriam oferecer um exemplo drástico dando um fim rápido e assustador aos réus. Minha mãe perguntou a Jürgen: "Eles têm que morrer?". Ele assentiu com a cabeça, desesperado, quase sem poder conter sua aflição. "Se eu tivesse um tanque", gritou em sua dor impotente, "e um punhado de pessoas, eu poderia libertá-los — explodiria esse tribunal pelos ares e os levaria até a fronteira." Correram para o Palácio de Justiça e se precipitaram para a sala de audiência, repleta de convidados nazistas. Os juízes, de toga vermelha, estavam sentados e, ao centro, encontrava-se Freisler, que vociferava em sua ira.

Os três jovens réus estavam — solitários, silenciosos e imponentes — diante dos juízes. Respondiam com grandeza e liberdade. A certa altura, Sophie disse (em geral, falava

A Rosa Branca

75

muito pouco): "O que escrevemos e dissemos é o que, no fundo, muitas pessoas pensam, só que elas não têm coragem de dizer". A postura e a conduta dos três réus foram tão nobres que cativaram até mesmo a multidão hostil de espectadores.

Quando meus pais conseguiram entrar, o processo já estava quase no fim. Só conseguiram chegar a tempo de ouvir as sentenças de morte. Minha mãe perdeu as forças por um instante e precisou ser levada para fora; e, na sala, houve uma agitação porque meu pai gritou: "Existe uma outra justiça!". Mas minha mãe dominou-se rapidamente, pois direcionava todos os seus sentidos e pensamentos ao objetivo de ver seus filhos e redigir um pedido de indulto. Ela tinha um domínio de si, uma presença de espírito e uma coragem incríveis; foi um consolo para todos os que, na verdade, deveriam consolá-la. Meu irmão mais novo precipitou-se após a audiência em direção aos três réus e apertou suas mãos; quando seus olhos se encheram de lágrimas, Hans pousou a mão em seu ombro e disse: "Seja forte — sem concessões". Isso dizia tudo: sem concessões, nem na vida e nem na morte. Eles não tentaram se salvar procurando simular, para os juízes, uma suposta convicção nacional-socialista. Nada semelhante se ouviu de sua boca. Quem presenciou um julgamento político desses durante o Terceiro Reich sabe o que isso significa. Diante da morte ou do cárcere, diante desses juízes diabólicos, muitos procuraram ocultar suas verdadeiras convicções para salvar sua vida e seu futuro — e quem se atreveria a criticá-los?

Ao final, como de praxe, foi concedida a palavra a cada um dos três réus, para que alegassem algo em seu favor. Sophie se calou. Christl pediu por sua vida em nome de seus filhos. Hans tentou apoiar e interceder por seu amigo. Então, foi bruscamente interrompido por Freisler: "Se não tiver nada para apresentar em seu favor, cale-se".

Creio que nunca haverá palavras suficientes para descrever as horas que se seguiram.

Os três foram levados para o grande presídio de execução Stadelheim de Munique, que fica ao lado do cemitério, perto do bosque do bairro Perlach.

Na prisão, escreveram suas cartas de despedida. Sophie pediu permissão para falar mais uma vez com seu interrogador da Gestapo. Disse que tinha mais uma declaração a fazer, que se lembrara de algo que poderia isentar um de seus amigos.

Christl, que havia crescido sem professar nenhuma fé, pediu para falar com um padre católico. Ele queria ser batizado, pois há muito tempo já havia se voltado interiormente à fé católica. Em uma carta para sua mãe, escreveu: "Eu agradeço a você por ter me dado a vida. Pensando bem, minha vida inteira foi um caminho para Deus. Agora vou partir um pouco antes de vocês, para lhes preparar uma recepção magnífica...".

Nesse ínterim, meus pais conseguiram, como por milagre, visitar os filhos uma última vez. Uma autorização dessas era quase impossível de se conseguir. Entre as 16 e 17 horas, correram para a prisão. Ainda não sabiam que seria realmente a última hora de vida de seus filhos.

Primeiro Hans foi conduzido até eles. Vestia roupas de presidiário. Mas seu passo era leve e ereto; nenhuma influência externa abalava seu interior. Seu semblante estava magro e abatido, como depois de uma luta difícil. Inclinou se carinhosamente sobre a cancela que os separava e lhes deu a mão. "Eu não tenho ódio, eu me libertei de tudo, tudo." Meu pai o abraçou e disse: "Vocês vão entrar para a História, ainda existe uma justiça". Em seguida, Hans mandou cumprimentos para todos os seus amigos. Quando, no final, men-

A Rosa Branca

cionou o nome de uma menina, uma lágrima correu por seu rosto e ele se inclinou sobre a barreira para que ninguém a visse. Depois ele se foi, tão aprumado como havia chegado.

Em seguida, Sophie foi conduzida por uma guarda. Vestia suas próprias roupas e andava lentamente, com calma e muito ereta. (Em lugar nenhum se aprende a andar com uma postura tão aprumada como na prisão.) Sorria como se tivesse visto o sol. De bom grado e alegre, pegou os doces que Hans havia recusado: "Oh! Sim, com prazer, eu ainda nem almocei". Era uma postura incomum de amor pela vida até o fim, até o momento derradeiro. Ela também parecia um pouco mais magra, mas sua pele estava iluminada e fresca — o que impressionou a mãe como nunca —, e seus lábios estavam profundamente vermelhos e brilhantes. "Você nunca mais entrará pela porta", disse a mãe. "Ah, só por alguns aninhos, mãe", ela respondeu. Então, ela frisou também, como Hans, firme e confiante: "Nós assumimos tudo, tudo", e acrescentou: "Isso causará grande repercussão".

Naqueles dias, sua grande preocupação era pensar se a mãe suportaria perder dois filhos ao mesmo tempo. Mas agora, vendo a mãe diante de si, tão valente, Sophie sentia-se aliviada. Mais uma vez a mãe disse: "Não se esqueça, Sophie: Jesus". Séria, firme e quase ordenando, Sophie retrucou: "Sim, mas você também". Então, ela também se foi — livre, sem medo, serena. Com um sorriso no rosto.

Christl não pôde ver ninguém de sua família. Sua mulher estava em resguardo com o seu terceiro filho, a primeira menina. Ela só soube do destino de seu marido quando ele já não vivia mais.

Os carcereiros relataram: "Eles se comportaram de forma incrivelmente corajosa. A prisão inteira estava impressionada. Por isso, assumimos o risco de deixar os três se verem mais uma vez um pouco antes da execução — se isso fosse descoberto, sofreríamos graves consequências. Queríamos que eles pudessem fumar mais um cigarro juntos. Foram apenas alguns minutos, mas acredito que isso significou muito para eles. 'Eu não sabia que era tão fácil morrer', disse Christl Probst. E depois: 'Em poucos minutos, nos veremos novamente na eternidade'. Então, foram levados; primeiro, a moça. Ela foi sem hesitar. Nenhum de nós conseguia acreditar que isso fosse possível. O carrasco disse que nunca vira ninguém morrer assim".

E Hans, antes de deitar a cabeça sobre o cepo, gritou tão alto que ecoou através da ampla prisão: "Viva a Liberdade".

Primeiro pareceu que, com a morte desses três, tudo estava encerrado. Eles desapareceram silenciosa e quase secretamente na terra do cemitério de Perlach, enquanto um brilhante sol de primavera se inclinava para se extinguir. "Ninguém tem maior amor do que aquele que dá a vida pelos seus amigos", disse o padre, que se solidarizou com eles por compartilhar suas ideias e os acompanhou com muita compreensão. Ele nos deu a mão e apontou para o sol poente. E disse: "Ele voltará a nascer".

Depois de pouco tempo, porém, ocorreram novas prisões, uma atrás da outra. Num segundo julgamento, o Tribunal do Povo proferiu, além de uma série de penas de prisão, mais três sentenças de morte: para o professor Huber, Willi Graf e Alexander Schmorell — soubemos disso na prisão, em uma Sexta-Feira Santa.

Nas anotações do professor Huber, que, apesar de preso, se dedicava incansavelmente à sua obra acadêmica, antes e depois da sentença, encontrou-se o seguinte esboço para a "última palavra do réu". Segundo relatos, são palavras que foram repetidas diante do "Tribunal do Povo", pelo menos em seu teor:

A Rosa Branca　　　　　　　　　　　　　　　　79

"Como cidadão alemão, como professor universitário alemão e como pessoa política, julgo ser não só um direito, mas um dever moral contribuir ativamente para a realização política do destino alemão e também revelar e combater erros evidentes. [...]

Meu objetivo era despertar os círculos estudantis, não através de uma organização, mas através da simples palavra; não para incitá-los a atos de violência, mas para fazê-los reconhecer, do ponto de vista moral, os graves erros existentes na vida política. O retorno a princípios morais claros, ao estado de direito, à confiança mútua entre as pessoas — *nada disso é ilegal*, muito pelo contrário, é *o restabelecimento da legalidade*. Eu me perguntei, guiado pelo imperativo categórico de Kant, o que aconteceria se essa máxima subjetiva da minha ação se tornasse uma lei universal. Só pode existir *uma* resposta! Regressariam então a ordem, a segurança e a confiança no nosso Estado, na nossa vida política. Toda pessoa de atitude moral ergueria conosco sua voz contra a dominação iminente do mero poder sobre o direito, da mera arbitrariedade sobre a vontade do Bem moral. [...] Não só a reivindicação da livre autodeterminação dos grupos, por menores que sejam, tem sido violada em toda a Europa; mas também a exigência de preservar as especificidades de cada raça e povo.

A exigência fundamental de uma verdadeira Comunidade do Povo tem sido minada pela destruição sistemática da confiança entre as pessoas. Não há juízo mais terrível a respeito da comunidade de um povo do que a confissão — que todos nós temos que fazer — de que ninguém mais se sente a salvo do seu próximo; nem mesmo um pai se sente a salvo de seus filhos.

Era isso o que eu queria, o que eu precisava fazer.

Para toda legalidade exterior há um limite último a partir do qual ela se torna falsa e imoral. É o que acontece quando ela encobre uma covardia que não ousa se posicionar contra a evidente violação do direito. Um Estado que impede toda e qualquer forma de liberdade de expressão e toda, absolutamente toda crítica legítima do ponto de vista moral, e prevê as mais terríveis punições para qualquer proposta de melhoria, classificando-a de 'planos de alta traição', viola um direito [...] não escrito, que ainda estava vivo na 'sensibilidade natural do povo' e que vivo deve permanecer. [...]

Atingi o objetivo que me propus: apresentar esta advertência e este alerta não em um pequeno círculo privado de discussão, mas à instância competente, à suprema instância judicial. [...] Por essa advertência, por esse suplicante pedido de retorno [ao verdadeiro Estado germânico], estou colocando minha vida em risco. Exijo que se devolva a liberdade ao nosso povo alemão. Não queremos passar nossa breve vida como escravos presos em correntes, nem mesmo nas correntes douradas da fartura material. [...]

Os senhores subtraíram de mim o digno posto e os direitos de docente universitário e o título de doutor, conquistado com a nota máxima, e me equipararam ao mais baixo dos criminosos. Nenhum processo que me acuse de alta traição pode me roubar a dignidade pessoal de professor, de pessoa que professa corajosamente sua visão de mundo e de

Estado. Minhas ações e minhas intenções serão justificadas pelo curso irrefreável da História; minha confiança nisso é inabalável. Espero em Deus que as forças que legitimam esta ação judicial se afastem de meu povo a tempo. Agi como tive de agir, seguindo uma voz interior. Arco com as consequências conforme as belas palavras de Johann Gottlieb Fichte:

> *E deves agir como se*
> *só de ti e de tua ação dependesse*
> *o destino das coisas alemãs,*
> *e só tua fosse a responsabilidade."*

Naquele período, ouviu-se que, em seguida, cerca de oitenta pessoas foram presas em Munique e em outras cidades no sul e no oeste da Alemanha. Entre elas, estavam parentes, apesar de, em geral, nada saberem sobre as atividades dos réus. "A família paga pelo traidor", era a ordem da Justiça de então, que tinha como objetivo cortar na raiz qualquer disposição a uma iniciativa pessoal livre.

No segundo processo, em 19 de abril de 1943, no qual foram condenados à morte o professor Kurt Huber, Willi Graf e Alexander Schmorell, havia outros onze réus. Três alunos que ainda estavam terminando a escola, Hans Hirzel, Heinrich Guter e Franz Müller, foram sentenciados a penas de até cinco anos de prisão. As estudantes Traute Lafrenz, Gisela Schertling e Karin Schüddekopf, que faziam parte do círculo de amigos dos meus irmãos, foram condenadas a um ano de prisão, e Suzanne Hirzel, a seis meses. Duras penas de reclusão de até dez anos com trabalhos forçados foram impostas ao estudante de medicina Helmut Bauer, ao assistente Dr. Heinrich Bollinger e a Eugen Grimminger. Naquela época, Grimminger, amigo de juventude de nosso pai, trabalhava como consultor financeiro em Stuttgart. Ele havia exercido diariamente e de maneira exemplar a sua resistência passiva, em especial através de sua generosa disposição para ajudar os oprimidos e perseguidos. Ele apoiou financeiramente as atividades de Munique. Mais tarde, sua mulher, Jenny Grimminger, foi presa e assassinada em Auschwitz, em dezembro de 1943. Bauer e Bollinger pertenciam ao círculo de amigos de Willi Graf, que já sentia há anos uma forte rejeição contra o nacional-socialismo. Através de Bollinger, soubemos que ele estava preparando atividades de resistência ativa organizando um pequeno depósito de armas.

É significativo que, na esfera pública alemã da época, não se mencionasse uma única palavra sobre esses processos longos e dramáticos.

Com a finalidade de banalizar o episódio, uma notícia rasa, algo como trinta linhas, saiu no *Völkischer Beobachter* com o título "Penas justas contra traidores de uma pátria lutadora". Apesar disso, a notícia sobre os eventos de Munique se propagou como um rastilho de pólvora até os *fronts* mais distantes na Rússia. Passou como uma onda de alívio por campos de concentração, prisões e guetos. Finalmente alguém havia dito de forma clara o que oprimia milhões de pessoas. Em poucas semanas, havia tomado corpo o que outro militante da resistência, Helmuth von Moltke, exigiu posteriormente ("Façam de nós uma lenda"). É claro que isso aconteceu de maneira diversa do que se dá num mundo em que a imprensa e a televisão produzem eco imediato, mas talvez tenha acontecido com mais eficiência e intensidade. A clandestinidade possui suas próprias leis.

Estranhamente, no dia 13 de julho de 1943, no dia da execução do professor Huber e de Alexander Schmorell, houve um terceiro processo relativo às atividades dos estudantes de Munique. Quatro amigos um pouco mais velhos do círculo foram julgados por um Tribunal Especial Político: o livreiro Josef Söhngen, que havia prestado grande ajuda na ação dos panfletos, Harald Dohrn, sogro de Christoph Probst, o pintor Wilhelm Geyer e o arquiteto e pintor Manfred Eickemeyer, que havia colocado seu ateliê à disposição para as reuniões e atividades do grupo. Eles foram condenados a penas de três a seis meses de prisão.

As últimas vítimas fatais do círculo de Munique foram Harald Dohrn e seu cunhado, Hans Quecke. Os dois haviam procurado apoiar a "Ação da Liberdade", que surgira nas últimas semanas da guerra, na primavera de 1945, sob a liderança do advogado Dr. Gerngroß. A "Ação" divulgou a ocupação da rádio de Munique por militantes da resistência, que foram descobertos por agentes da SS e fuzilados num bosque nos arredores de Munique. Eles foram enterrados a apenas algumas centenas de metros de distância do local onde as primeiras vítimas foram sepultadas, Sophie e Hans Scholl e Christoph Probst.

No verão de 1943, mas sobretudo no fim do outono e em dezembro de 1943, foi descoberto outro círculo de resistência, que mais tarde entrou para a história da resistência alemã sob o nome de "Ramo de Hamburgo da Rosa Branca". Tratava-se de um círculo de estudantes universitários e intelectuais, semelhante ao de Munique, com uns cinquenta integrantes, segundo as informações de sobreviventes. Oito pessoas, principalmente estudantes, que formavam o núcleo ativo desse círculo, e também outros que tinham participação apenas superficial, encontraram a morte:

Hans Konrad Leipelt
estudante de ciências naturais
nascido em 18/7/1921
decapitado em 29/1/1945
no presídio de Stadelheim de Munique

Gretha Rothe
estudante de medicina
nascida em 13/6/1919
falecida em 15/4/1945
no hospital de Leipzig-Dösen
em decorrência das sequelas da prisão

Reinhold Meyer
estudante de filosofia
nascido em 18/7/1920
falecido em 12/11/1944
no presídio de Hamburgo-Fuhlsbüttel

Frederick Geussenhainer
estudante de medicina
nascido em 24/4/1912
falecido em abril de 1945
no campo de concentração de Mauthausen

Katharina Leipelt
mãe de Hans Konrad
Doutora em ciências naturais
nascida em 28/5/1893
levada ao suicídio em 9/1/1944
no presídio de Hamburgo-Fuhlsbüttel

Elisabeth Lange
nascida em 7/7/1900
levada ao suicídio em 28/1/1944
no presídio de Hamburgo-Fuhlsbüttel

Curt Ledien
Doutor em direito
nascido em 5/6/1893
enforcado em 23/4/1945
no campo de concentração de Neuengamme

Margarethe Mrosek
nascida em 25/12/1902
enforcada em 21/4/1945
no campo de concentração de Neuengamme

Em um relatório de Ilse Jacob, o grupo de Hamburgo foi apresentado da seguinte forma:

"O círculo de Hamburgo 'Rosa Branca' formou-se sob o efeito do primeiro panfleto de Munique. Os participantes isolados mal se conheciam, alguns se encontraram pela primeira vez na prisão e no campo de concentração. A coordenação do trabalho dos círculos individuais do grupo de Hamburgo estava a cargo de Albert Suhr e Heinz Kucharski, que também tinham planejado, por exemplo, conseguir um radiotransmissor. Mais tarde, os participantes do círculo encontraram-se regularmente para noites de discussão, em duas livrarias em Hamburgo, especialmente na do famoso livreiro Felix Jud.

No grupo de Hamburgo, havia alguns integrantes de dezessete anos que ainda frequentavam a escola ou que estavam prestando o serviço obrigatório ou de apoio à guerra. Eles haviam sido educados nas escolas e organizações juvenis nacional-socialistas. Como escreveu um daqueles jovens, Thorsten Müller, a resistência começou com um sentimento de oposição. Eles seguiam suas inclinações e interesses e pensavam ou faziam coisas que seriam as mais naturais do mundo em Cambridge e na Basileia — mas na Alemanha elas se transformaram num 'conflito altamente político, num caso de alta traição investigado e perseguido com muito zelo pela polícia secreta do Estado e pelo Tribunal do Povo'."

O ramo de Hamburgo da Rosa Branca é tratado em detalhes em um livro de Ursel Hochmuth e Gertrud Meyer publicado em 1969 sob o título de *Streiflichter aus dem Hamburger Widerstand, 1933-1945* (Breve exposição sobre a resistência em Hamburgo, 1933-1945).

O contato entre os círculos de Munique e de Hamburgo fora estabelecido pela estudante de medicina Traute Lafrenz, nascida em Hamburgo, que estudava desde 1941 em Munique e era amiga próxima de Alexander Schmorell e de Hans e Sophie Scholl. No outono, ela entregou os panfletos da Rosa Branca produzidos no verão de 1942 aos colegas Gretha Rothe, Heinz Kucharski e Karl Ludwig Schneider, de Hamburgo. Pouco tempo depois da execução das primeiras sentenças de morte, o estudante de química Hans Konrad Leipelt deu continuidade à distribuição dos panfletos da Rosa Branca. Além disso, organizou uma ação para ajudar a viúva do professor Huber e seus dois filhos, que estavam sem recursos porque o Estado nacional-socialista lhes negara a pensão.

Hans Konrad Leipelt nasceu em 1921, em Viena, e cresceu em Hamburgo. Seus pais eram químicos. A mãe vinha de uma família judia. Hans e sua irmã tiveram uma educação religiosa protestante, mas foram classificados como "judeus mestiços de 1º grau" pelas Leis de Nuremberg de 1935. Aos 16 anos, Hans concluiu a escola e se inscreveu de livre e espontânea vontade no serviço obrigatório do Reich e nas Forças Armadas nacional-socialistas. Na campanha francesa, foi condecorado com a cruz de ferro de segunda classe e o distintivo *Panzer*. Pouco tempo depois, uma nova lei ordenou a "dispensa desonrosa" de todos os "meio-judeus" das Forças Armadas nacional-socialistas. Hans ainda pôde começar seus estudos de química em 1941, em Hamburgo, mas foi banido da universidade um ano depois, pois "mestiços judeus" não podiam mais estudar. Hans foi para Munique. O Instituto de Química da Universidade de Munique, sob a direção do professor e vencedor do Prêmio Nobel Heinrich

Wieland, era considerado um refúgio para opositores e perseguidos pelo regime. O instituto desse nobre e destemido cientista chegou a admitir vários alunos e alunas considerados não-arianos segundo as leis nacional-socialistas de raça, protegendo-os assim de trabalhos forçados ou coisas muito piores.

Enquanto Leipelt estudava em Munique em 1942, sua avó foi assassinada no campo de concentração de Theresienstadt. Pouco tempo após a prisão de Hans e Sophie, chegou a suas mãos o sexto panfleto da Rosa Branca. Junto com sua namorada, Marie-Luise Jahn, ele copiou o texto e lhe deu um título: "Apesar de tudo seu espírito continua vivo!". Os dois distribuíram os panfletos e também os levaram a Hamburgo.

Depois que Traute Lafrenz foi neutralizada pela Gestapo, Hans Leipelt assumiu a coordenação do contato entre os grupos de resistência estudantil de Munique e Hamburgo. A coleta secreta de dinheiro para a Sra. Huber acabou selando seu destino: foi preso em 8 de outubro de 1943. Sua mãe, a Dra. Katharina Leipelt, e sua irmã Maria foram presas com base na lei de detenção estendida à família. A mãe morreu em 9 de dezembro de 1943, no presídio de Fuhlsbüttel, provavelmente por suicídio.

Um ano após a prisão de Leipelt, em 13 de outubro de 1943, foi realizado o quarto processo contra a Rosa Branca. Hans Konrad Leipelt foi condenado à morte, e Marie-Luise Jahn, a doze anos de detenção com trabalhos forçados. Foram infligidas longas penas de prisão a dois co-réus que também trabalhavam no Instituto de Química em Munique. Assim como os outros seis antes dele, Leipelt foi levado para o presídio de execução Stadelheim de Munique e foi executado na guilhotina, em 29 de janeiro de 1945.

Em Hamburgo, ainda foram preparados quatro outros processos, no total: "Ação penal Kucharski e outros", "Suhr e outros", "Schneider e outros" e "Himpkamp e outros".

Mais três participantes do grupo de Hamburgo foram sentenciados. O Tribunal do Povo condenou Heinz Kucharski à morte em 17 de abril de 1945 e o Dr. Rudolf Degkwitz a um ano de prisão. Felix Jud foi condenado em 19 de abril de 1945 a quatro anos de detenção com trabalhos forçados.

Foi uma sorte para o grupo de Hamburgo que os processos tenham se prolongado tanto, o que evitou que mais pessoas caíssem no turbilhão. Os aliados vieram acabar com os planos dos nazistas. Suhr e outros, que provavelmente receberiam a pena de morte, não chegaram a ser sentenciados, e Kucharski, que se encontrava a caminho do presídio de Bützow-Dreibergen para ser executado, conseguiu escapar de seus carrascos por um fio. Os outros presos foram libertados em maio de 1945, em Hamburgo, Stendal, Bayreuth e outros locais.

Nos primeiros meses de 1945, o mundo inteiro aguardava ansioso o fim iminente da guerra e do regime nazista. Naquele momento, entre todos os presos e condenados à morte, reinava a esperança ardente de que talvez ganhassem a corrida contra o tempo. Por outro lado, o risco também aumentava, pois a visão da própria queda tornava o regime ainda mais brutal.

Panfletos

Panfletos da Rosa Branca — I

Não há nada mais indigno para um povo civilizado do que se deixar "governar" sem resistência por uma corja de déspotas irresponsáveis, movida por instintos obscuros. Não é verdade que hoje todo alemão honesto envergonha-se de seu governo? E quem não prevê a dimensão da ignomínia que se abaterá sobre nós e nossos filhos quando enfim a venda que cobre nossos olhos tiver caído e os mais horrendos crimes, que ultrapassam qualquer limite imaginável, vierem à luz? Se em sua mais profunda essência o povo alemão já está tão corrompido e degradado a ponto de, confiando levianamente em uma duvidosa conformidade à leis da História, não mostrar reação para defender o que o ser humano possui de mais valioso e que o eleva acima de todas as outras criaturas, a saber, o livre-arbítrio, a liberdade de assumir o comando, de mover a Roda da História com as próprias mãos, subordinando-a à sua decisão racional; se os alemães, assim desprovidos de qualquer individualidade, já se tornaram uma massa tão insípida e covarde, então, sim, eles merecem a ruína.

Goethe fala dos alemães como um povo trágico, semelhante aos judeus e aos gregos, mas hoje ele parece mais um rebanho superficial e apático de seguidores alienados, que tiveram sua medula sugada e sua essência subtraída e que agora estão dispostos a se deixarem lançar à ruína. É o que parece, mas não é assim; muito pelo contrário: por meio de uma violação lenta, ardilosa e sistemática, cada indivíduo foi confinado em uma prisão espiritual, e só quando já estava acorrentado ali é que tomou consciência da fatalidade. Foram poucos os que reconheceram a perdição iminente, e a recompensa por suas heroicas palavras de advertência foi a morte. Ainda haverá muito o que falar sobre o destino dessas pessoas.

Se cada um esperar que o outro tome a iniciativa, os mensageiros da vingativa Nêmesis se aproximarão inexoravelmente, até que a última vítima tenha sido lançada em vão à garganta do demônio insaciável. Eis por que, consciente de sua responsabilidade como membro da cultura cristã e ocidental, cada um deve, nesta hora derradeira, resistir da melhor maneira possível, combater o flagelo da humanidade, o Fascismo e qualquer outro sistema de Estado Absoluto semelhante a ele. Ofereçam resistência passiva — *resistência* — onde quer que vocês estejam, impeçam que essa máquina de guerra ateísta continue avançando, antes que seja tarde demais, antes que as últimas cidades se reduzam a montes de escombros, como Colônia, e antes que o último jovem do nosso povo seja imolado em algum lugar pela *hybris* de um sub-homem. Não esqueçam que cada nação merece o governo que ela tolera!

De Friedrich Schiller, *A legislação de Licurgo e Sólon*:

> "Levando-se em conta sua própria finalidade, a legislação de Licurgo é uma obra-prima da política e da antropologia. Licurgo queria um Estado poderoso, fundado em si mesmo, indestrutível; poderio político e longevidade constituíam o objetivo que ele buscava, e ele alcançou esse objetivo tanto quanto as circunstâncias o permitiam. Mas, ao comparar a finalidade que ele se propôs à finalidade última da humanidade, em vez da admiração suscita-

da à primeira vista, surgirá uma profunda reprovação. Tudo pode ser sacrificado em favor do Estado, a não ser aquilo para que o Estado serve apenas como meio. Pois o Estado jamais é um fim em si mesmo; ele só importa como condição sob a qual a finalidade última da humanidade pode ser alcançada, e essa finalidade não é outra senão o desenvolvimento de todas as potencialidades do homem, o progresso. Se uma Constituição impede o desenvolvimento de todas as potencialidades do homem, se impede o progresso do Espírito, então ela é reprovável e perniciosa, por mais bem pensada que tenha sido e por mais que, a seu modo, seja perfeita. Sua longevidade enseja mais reparos do que glória — ela se torna apenas um mal que se prolonga; quanto mais perdura, tanto mais nociva se torna. [...]

O benefício político foi alcançado à custa de todos os sentimentos morais, e se desenvolveu a capacidade para isso. Em Esparta não havia amor conjugal, nem maternal, nem filial, não havia amizade — não havia nada senão cidadãos, nada senão a virtude cívica. [...]

Uma lei de Estado obrigava os espartanos a tratar os escravos de forma desumana; nesses infelizes sacrificados a humanidade era maltratada e vilipendiada. O próprio código legal espartano proclamava o perigoso princípio de se considerar o homem como meio e não como fim — com isso solaparam-se, em conformidade com a lei, os fundamentos do direito natural e da moralidade. [...]

É tão mais bela a cena protagonizada pelo rude guerreiro Caio Márcio em seu acampamento diante de Roma! Ele sacrificou a vingança e a vitória, pois não suportava ver as lágrimas das mães. [...]

Uma única condição garantiria a sobrevivência do Estado [de Licurgo]: a paralisação do espírito do povo; portanto, ele só poderia subsistir caso não atendesse à finalidade mais elevada e única do Estado."

De O *despertar de Epimênides*, de Goethe, ato II, cena IV:

GÊNIOS

Quem do fundo abismo sai
Pode com força lutar,
Vencer meio mundo — ai!
— No fim terá de voltar.
Por tormentas afrontado,
Seu impulso vai ceder.
E os que seguem o ousado
Irão junto perecer.

ESPERANÇA

Eis aqui os meus valentes;
A velar a noite estão,
Mas o fazem mui silentes.
Sussurrada e balbuciada,
Surge então nova canção:
É a ansiada liberdade
Que no templo reverbera
Proclamando nova era:

Liberdade! Liberdade!

Pedimos a todos que façam a maior quantidade possível de cópias deste panfleto e as passem adiante!

Panfletos da Rosa Branca — II

Não é possível enfrentar racionalmente o nacional-socialismo porque ele é irracional. É um equívoco falar de uma visão de mundo nacional-socialista, pois, se esta existisse, seria necessário sustentá-la ou combatê-la com meios racionais. A realidade, porém, nos oferece um quadro completamente diferente. Desde o seu primeiro germe, a base desse movimento era ludibriar as pessoas; desde o início, estava apodrecido por dentro e só conseguiu se manter através da mentira contínua. Até o próprio Hitler escreveu em uma antiga edição de "seu" livro (um livro escrito no pior alemão que já li e que, todavia, foi alçado à condição de Bíblia para o "povo dos poetas e pensadores"): "É inacreditável como é necessário enganar um povo para poder governá-lo". Se esse tumor cancerígeno do povo alemão não se manifestou tão claramente em seu início foi porque ainda vigoravam forças do Bem suficientes para contê-lo. Porém, após crescer e crescer e, por meio de uma corrupção generalizada, chegar enfim ao poder, o tumor rebentou e contaminou o corpo inteiro: a maioria dos antigos opositores se escondeu, a intelectualidade alemã se refugiou em uma cova, para aos poucos morrer sufocada como uma planta privada da luz e do sol. Agora estamos próximos do fim. O que importa agora é que nos reencontremos uns aos outros, que nos ajudemos a discernir bem, que pensemos nisso sempre, sem descanso, até o mais reticente se convencer da extrema necessidade de lutar contra esse sistema. Se uma onda de revolta se propagar pelo país, se houver algo no ar, se muitos participarem, então, em um derradeiro e extraordinário esforço, esse sistema poderá ser

Panfletos

derrubado. Um fim com terror ainda é melhor que um terror sem fim.

Não cabe a nós emitir um juízo definitivo sobre o sentido de nossa História. Mas se essa catástrofe pode servir para nossa salvação, então que seja desta forma: purificando-nos através do sofrimento, ansiando pela luz na mais profunda noite, mobilizando-nos e finalmente contribuindo para nos livrarmos do jugo que oprime o mundo.

Não pretendemos abordar aqui a questão judaica, não queremos redigir nenhum discurso de defesa — não. Apenas como exemplo, queremos mencionar brevemente um fato: o fato de que, desde a tomada da Polônia, *trezentos mil* judeus foram assassinados naquele país da maneira mais bestial. Aqui vemos o mais terrível crime contra a dignidade humana, um crime sem precedentes em toda a história da humanidade. Pois os judeus também são seres humanos e — seja qual for a opinião de cada um sobre a questão judaica — foi contra seres humanos que esse crime foi cometido. Talvez alguém diga que os judeus merecessem tal destino; essa afirmação seria de monstruosa arrogância, mas suponhamos que alguém o dissesse: como essa pessoa justificaria o fato de que toda a juventude polonesa de linhagem nobre foi exterminada (queira Deus que isso ainda não tenha acontecido!)? Os senhores devem estar se perguntando: mas de que maneira isso aconteceu? Todos os rebentos masculinos de linhagem nobre entre 15 e 20 anos foram sequestrados e conduzidos a campos de concentração na Alemanha para realizar trabalhos forçados, todas as moças dessa idade foram levadas aos bordéis da SS na Noruega! Mas por que contar tudo isso se os senhores já sabem desses ou de outros crimes igualmente graves cometidos pela terrível sub-humanidade? Porque a questão atinge profundamente a todos nós e deve nos *obrigar* a refletir. Mas por que o povo alemão fica tão apático diante de todos esses crimes hediondos e extremamente desumanos? Quase ninguém se preocupa com isso. O fato é aceito como tal e o caso é dado por encerrado. E o povo alemão continua a dormir seu sono indiferente e estúpido, dando assim incentivo e oportunidade para os criminosos fascistas continuarem a sua devastação — e é o que eles estão fazendo. Seria um sinal de que os sentimentos humanos mais básicos dos alemães se embruteceram, de que nenhuma corda de seu interior sai do tom em estridente repúdio a tais atos, de que estão imersos num sono letal, do qual não há despertar, nunca, jamais? É o que parece e o que acontecerá com certeza se o alemão não sair logo desse estado de inércia, se não protestar de todas as formas possíveis contra essa corja de criminosos, se não se compadecer dessas centenas de milhares de vítimas. E ele não só deveria sentir compaixão pelas vítimas, não, muito mais que isso: deveria sentir sua *parcela de culpa*. Pois é a sua apatia que permite a essas pessoas sombrias agirem assim, ele dá suporte a esse "governo" que fez recair sobre si uma culpa infinita; sim, ele é o culpado da existência desse governo! Todos querem ser absolvidos de sua parcela de culpa: é o que todos fazem, e depois voltam a dormir com a consciência tranquila. Mas ninguém pode ser absolvido: cada indivíduo é *culpado, culpado, culpado*! Mas ainda não é tarde demais para livrar o mundo desse governo, que é a pior de todas as aberrações possíveis, para que não recaia uma culpa muito maior sobre nós. Agora, já que nos últimos anos nos abriram os olhos inteiramente, já que sabemos com quem estamos lidando, agora está mais do que na hora de extirpar esta horda marrom. Até a eclosão da guerra, a maior parte do povo alemão estava deslumbrada: os nacional-socialistas não mostraram sua verdadeira face, mas agora que já os reconhecemos, a única e mais elevada obrigação, a mais sagrada obrigação de todo alemão deve ser aniquilar essas bestas cruéis!

Panfletos

"É feliz o povo daquele cujo governo é discreto. É arrasado o povo daquele cujo governo é impositivo.

Miséria, oh, é a base sobre qual a sorte se sustenta. Sorte, oh, só encobre a miséria. Para onde isso nos leva? Não há previsão para o final. A ordem inverte-se em desordem, o bem inverte-se no mal. O povo entra em confusão. Não é assim, diariamente, há muito tempo?

Por isso o grande homem é muito incisivo, mas não ofensivo; ele é agudo, mas não fere; ele é reto, mas não rude. Ele é claro, mas não pretende brilhar."

Lao-Tsé

"Quem tenta dominar o reino e moldá-lo segundo seu arbítrio, não o vejo alcançar seu objetivo, isso é tudo."

"O reino é um organismo vivo; ele não pode ser construído! Quem tenta construí-lo, o arruína, quem tenta possuí-lo, o perde."

[Portanto:] "Entre os seres, alguns precedem, outros os seguem; alguns respiram ar quente, outros ar frio; alguns são fortes, outros fracos; alguns florescem, outros fenecem."

"O grande homem, portanto, distancia-se dos excessos, distancia-se da soberba, distancia-se dos abusos."

Lao-Tsé

Pedimos que façam a maior quantidade possível de cópias deste panfleto e as passem adiante.

Panfletos da Rosa Branca — III

"Salus publica suprema lex"

Todas as formas ideais de Estado são utopias. Um Estado não pode ser construído de maneira puramente teórica; ele precisa crescer, amadurecer, assim como um indivíduo. Mas não se deve esquecer de que já existia uma forma rudimentar de Estado nos primórdios de cada civilização. A família é tão antiga quanto o próprio homem e a partir dessa convivência inicial, o homem, como ser racional, criou para si um Estado cujo fundamento é a Justiça e cuja lei suprema deve ser o Bem Comum. O Estado deve representar uma analogia da ordem divina e, por fim, se aproximar de seu modelo, a mais alta de todas as utopias, que é a *civitas Dei*. Não queremos julgar aqui as diversas formas possíveis de Estado — a democracia, a monarquia constitucional, outros sistemas monárquicos, etc. Mas é necessário destacar de maneira clara e inequívoca que cada indivíduo tem direito a um Estado adequado e justo, que assegure tanto a liberdade de cada um quanto o bem de todos. Pois, segundo a vontade de Deus, o ser humano deve tentar alcançar, com autonomia e iniciativa própria, sua finalidade natural, sua felicidade terrena, na convivência e na cooperação com a comunidade estatal, de maneira livre e independente.

Nosso "Estado" atual é, entretanto, a ditadura do Mal. "Mas isso não é novidade", você poderia objetar, "não adianta nada jogar isso de novo na nossa cara". Se vocês sabem, eu pergunto, então por que não reagem, por que permitem que os poderosos roubem um por um os seus direitos, escancarada ou dissimuladamente, até chegar o dia em que não restará mais nada, absolutamente nada além de uma engrenagem estatal mecanizada, comandada por criminosos e beberrões? O seu espírito já está tão subjugado pela violação que se esquecem que é não apenas seu direito, mas seu *dever moral* eliminar esse sistema? Porém, se uma pessoa não encontra mais forças para reivindicar seus direitos, então necessariamente está fadada a sucumbir. Se, nesse último minuto, não mobilizarmos energias e finalmente tivermos a coragem que nos faltou até agora, nós merecemos ser dispersos por todo o mundo como a poeira pelo vento. Não escondam sua covardia sob o manto da racionalidade. Pois se continuarem a hesitar e não resistirem a esse fruto do inferno, a sua culpa crescerá dia após dia, como em uma curva parabólica.

Muitos, talvez a maioria dos leitores destes panfletos, não sabem bem como opor resistência concretamente. Eles não veem nenhuma saída. Queremos mostrar que cada pessoa tem condições de contribuir de alguma forma para a queda deste sistema. Não é através do embate solitário, como um ermitão amargurado, que será possível preparar o terreno para a queda desse "governo" ou até mesmo desencadear a revolução o mais rápido possível; isso só será possível através do trabalho conjunto de muitas pessoas convictas e engajadas, pessoas em comum acordo sobre os meios pelos quais podem atingir o seu fim. Quanto a esses meios, não temos muita escolha: apenas um está à nossa disposição — a *resistência passiva*.

O sentido e a finalidade da resistência passiva é derrubar o nacional-socialismo. E nessa luta não se deve recuar diante de nenhum caminho, diante de nenhum ato, seja qual for a sua natureza. O nacional-socialismo deve ser atacado em *todos* os seus pontos vulneráveis. É preciso preparar logo um fim para este não-Estado — uma vitória da Alemanha fascista nesta guerra teria consequências imprevisíveis e terríveis. Não é a vitória militar sobre o bolchevismo que deve ser a preocupação primeira de todo o alemão, mas sim a derrota dos nacional-socialistas. Isso deve ser prioridade *absoluta*. Em nossos próximos panfletos vamos provar a extrema necessidade dessa última exigência.

E agora cada opositor convicto do nacional-socialismo deve perguntar a si mesmo: como ele pode lutar contra o "Estado" atual da forma mais eficaz possível, como pode lhe dar os golpes mais certeiros? Através da resistência passiva, sem dúvida. É claro que é impossível dizer o que cada um deve fazer; só podemos dar sugestões, e cada indivíduo deve encontrar seu próprio caminho.

Sabotagem às fábricas de armamentos e empresas fundamentais para a guerra, sabotagem a todas as assembleias, manifestações, festividades e organizações que forem promovidas pelo partido nacional-socialista. Deter o avanço dessa perfeita máquina de guerra (uma máquina que trabalha somente em prol da guerra e cujo avanço tem como fim *exclusivo* a salvação e manutenção do partido nacional-socialista e de sua ditadura). *Sabotagem* a todas as áreas científicas e intelectuais que atuam a favor da continuidade da guerra presente — seja em universidades, escolas superiores, laboratórios, institutos de pesquisa ou escritórios técnicos. *Sabotagem* a todos os eventos de natureza cultural que possam aumentar o "prestígio" dos fascistas aos olhos do povo. *Sabotagem* a todos os ramos das artes plásticas, por mais insignificante que seja a sua relação com o nacional-socialismo e sua servidão a ele. *Sabotagem* a toda publicação, a todos os jornais que estão a soldo do "governo" e que lutam pela sua ideologia e pela disseminação da mentira marrom. Não ofereçam nenhum centavo nas coletas de rua (mesmo quando são realizadas sob o pretexto de caridade). Pois isso não passa de camuflagem: na realidade, a quantia não é repassada nem à Cruz Vermelha, nem aos necessitados. O governo não precisa desse dinheiro, não depende financeiramente dessas coletas — pois os prelos trabalham ininterruptamente e produzem qualquer quantia desejável de papel-moeda. Mas o povo precisa ser mantido sempre sob tensão, a pressão do bridão nunca pode diminuir! Não doem nada nas coletas de metal, de produtos têxteis e outros! Procurem convencer todos os seus conhecidos, também os das camadas sociais mais baixas, da falta de sentido do prosseguimento da guerra e da falta de perspectiva desta guerra, da escravidão intelectual e econômica provocada pelo nacional-socialismo, da destruição de todos os valores morais e religiosos, e os convoquem à *resistência passiva*!

Aristóteles, "Da Política":

> "[...] além disso, faz parte [da essência da tirania] ambicionar que nada permaneça oculto, nem o que o súdito diz, nem o que ele faz, e que por toda parte os espiões o espreitem, [...] além disso, incitar todos contra todos e opor amigos a amigos, o povo aos notáveis e os ricos entre si. Ainda faz parte de tais medidas tirânicas empobrecer os súditos, para que o corpo de guardas possa ser remunerado; aqueles, preocupados em conseguir seu ganha--pão diário, não possuem nem tempo, nem ócio para organizar conspirações. [...] além disso, impostos tão altos quanto os infligidos em Siracusa, pois sob o governo de Dionísio os cidadãos desse Estado entregaram em cinco anos, de bom grado, toda a sua fortuna sob a forma de tributos. O tirano também é inclinado a estimular guerras permanentes [...]"

Favor fazer cópias e distribuir!!!

PANFLETOS DA ROSA BRANCA — IV

Reza um antigo provérbio, que se costuma repetir às crianças: quem não aprende pelo amor, aprende pela dor. Mas uma criança inteligente só queima o dedo uma vez. Nas últimas semanas, Hitler obteve vitórias tanto na África quanto na Rússia. A consequência foi que tanto o otimismo quanto a consternação e o pessimismo do povo cresceram numa velocidade incomum para os alemães. Em toda parte ouvem-se entre os opositores de Hitler — portanto, a melhor parte do povo — clamores, frases que expressam frustração e desânimo e que não raramente terminam com a interrogação: "Será que Hitler vai...?".

Nesse meio-tempo, a ofensiva alemã ao Egito estagnou, Rommel é obrigado a permanecer numa posição exposta e altamente perigosa — mas o avanço para o Leste ainda continua. Esse aparente sucesso foi comprado com os mais terríveis sacrifícios, de modo que ele já não pode ser considerado vantajoso. Por isso, cuidado com *toda e qualquer* forma de otimismo.

Quem contou os mortos, Hitler ou Goebbels? Provavelmente nenhum deles. Diariamente milhares caem na Rússia. O tempo da colheita chegou, e o ceifeiro já está colhendo os amplos frutos da seara madura. O luto adentra as casas de nossa pátria e não há ninguém para secar as lágrimas das mães. Mas Hitler mente para aqueles cujo bem mais precioso ele roubou, conduzindo-os à morte sem sentido.

Toda palavra que sai da boca de Hitler é mentira. Quando ele fala em paz, está pensando em guerra, e quando ele pronuncia — da maneira mais sacrílega possível — o nome

Panfletos

do Todo-Poderoso, está pensando no poder do Mal, no Anjo Caído, em Satã. Sua boca é a garganta fétida do inferno, e seu poder é fundamentalmente réprobo. É verdade que se deve conduzir a luta contra o Estado de terror nacional-socialista com meios racionais; mas quem hoje ainda duvida da real existência dos poderes demoníacos, não compreendeu nem de longe o fundo metafísico dessa guerra. Por trás do que é concreto, do que é perceptível pelos sentidos, por trás de todas as reflexões objetivas e lógicas, está o Irracional, isto é, a luta contra o demônio, contra o mensageiro do Anticristo.

Em todo lugar e em todos os tempos, os demônios esperaram, na escuridão, o momento em que o homem fraqueja, em que o homem abandona, com seu arbítrio, o lugar fundado na liberdade que Deus designou para ele em Sua *ordo*, o momento em que o homem cede à pressão do Mal, afasta-se do poder da Ordem suprema. Assim, depois de ter dado o primeiro passo por livre vontade, é impulsionado a dar o segundo, o terceiro e assim por diante, em crescente e frenética velocidade. Em todo lugar e em todos os tempos de profunda miséria houve homens que se ergueram, profetas, santos, que conseguiram preservar sua liberdade, que recordaram o Deus Único e com a Sua ajuda exortaram o povo a retornar ao rumo certo. É verdade que o homem é livre, mas sem o Deus verdadeiro ele se torna indefeso diante do Mal, como um navio sem leme, entregue às tempestades, como um recém-nascido sem mãe, como uma nuvem que se dissolve.

Pergunto a você que é cristão: nessa luta pela preservação de seus valores supremos, há em você uma hesitação, um jogo de intrigas, um postergar a decisão na esperança de que um outro levante as armas para defendê-lo? O próprio Deus não lhe deu força e coragem para lutar? *Precisamos* atacar o Mal onde ele é mais poderoso, e ele é mais poderoso no poder de Hitler.

"Voltei-me e vi todos os que sofrem injustiça sob o sol; e eis que vi as lágrimas daqueles que sofriam injustiça e que não tinham nenhum consolador; e os que cometiam injustiça contra eles eram tão poderosos que eles não podiam ter nenhum consolador.

Por isso louvei os mortos que já haviam morrido, mais do que os vivos que ainda tinham vida [...]"

Eclesiastes

Novalis:

"A verdadeira anarquia é o elemento gerador da religião. Da aniquilação de tudo o que é positivo, ela ergue sua cabeça gloriosa como uma nova fundadora do mundo [...] Se a Europa quisesse despertar novamente, se um Estado dos Estados, se uma ciência política nascesse! Porventura seria a hierarquia [...] o princípio da associação dos Estados? [...] O sangue continuará a correr pela Europa até que as nações percebam a terrível loucura que as faz andar em círculos e até que, tocadas e serenadas pela sacra música, retornem todos, sem distinções, aos antigos altares, realizem obras pacíficas, e uma grande festa de paz seja celebrada com lágrimas ardentes em campos de batalha fumegantes. Somente a religião pode despertar novamente a Europa, assegurar o direito dos povos e recolocar a cristandade, com novo e visível esplendor, em sua missão terrena de fundar a paz."

Ressaltamos de forma explícita que a Rosa Branca não está a soldo de nenhuma potência estrangeira. Embora sai-

Panfletos

bamos que o poder nacional-socialista precisa ser destruído militarmente, procuramos alcançar uma renovação interior profunda do espírito alemão, gravemente ferido. Mas a esse renascimento deve preceder o claro reconhecimento de toda a culpa que recaiu sobre o povo alemão e uma luta implacável contra Hitler e seus inúmeros cúmplices, membros do partido e sequazes. É preciso aumentar brutalmente o abismo entre a melhor parte do povo e tudo o que está ligado ao nacional-socialismo. Não há, sobre a face da terra, punição que faça jus aos crimes de Hitler e de seu séquito. Mas, após o término da guerra, por amor às próximas gerações, tudo isso deve servir de exemplo para que ninguém nunca mais sinta a mínima vontade de tentar algo semelhante novamente. Não esqueçam nem os pequenos bandidos desse sistema, memorizem os nomes para que nenhum se safe! Eles não podem, no último minuto, depois dessas monstruosidades, conseguir trocar de bandeira e fazer de conta que nada aconteceu!

Para tranquilizá-los, queremos acrescentar que os endereços dos leitores da Rosa Branca não estão escritos em lugar nenhum. Os endereços são coletados aleatoriamente em listas telefônicas.

Não nos calaremos, somos a sua consciência pesada; a Rosa Branca não os deixará em paz!

Favor reproduzir e passar adiante!

[V]

Panfletos do Movimento de Resistência na Alemanha

Apelo a todos os alemães!

A guerra se dirige definitivamente para seu fim. Como no ano de 1918, o governo alemão tenta dirigir todas as atenções para o crescente risco de ataques submarinos, enquanto no Leste os exércitos recuam sem cessar, e a invasão é iminente no Oeste. O armamento da América ainda não atingiu seu auge, mas hoje supera tudo o que já foi visto na história. Hitler está levando o povo alemão ao abismo, com precisão matemática. *Hitler não pode mais ganhar a guerra, apenas prolongá-la!* A culpa de Hitler e de seus cúmplices ultrapassou em muito qualquer limite imaginável. O justo castigo está cada vez mais próximo!

Mas o que o povo alemão está fazendo? Ele não vê e não ouve. Cego, vai atrás de seus sedutores, rumo à perdição. Vitória a qualquer preço! — escreveram em suas bandeiras. Lutarei até o último homem, diz Hitler — contudo, a guerra já está perdida.

Alemães! Vocês e seus filhos querem padecer do mesmo destino que atingiu os judeus? Querem ser medidos com a mesma medida que seus sedutores? Havemos de ser para sempre o povo odiado e repudiado pelo mundo inteiro? Não! Portanto, rompam com a sub-humanidade nacional socialista. Provem através de atos que vocês não pensam assim! Uma nova guerra de libertação se inicia. A melhor parte do povo luta ao nosso lado. Rasguem o manto da indiferença com que vocês cobriram seus corações! Decidam-se *antes que seja tarde demais!*

Panfletos

Não acreditem na propaganda nacional-socialista que instilou em vocês o temor do bolchevismo! Não acreditem que a salvação da Alemanha esteja necessariamente condicionada à vitória do nacional-socialismo! Um sistema criminoso não pode conquistar a vitória alemã. Rompam *enquanto é tempo* com tudo o que está relacionado ao nacional-socialismo! Mais tarde um juízo terrível — porém justo — virá sobre aqueles que permaneceram escondidos, de forma covarde e indecisa.

O que nos ensina o desfecho desta guerra, que nunca foi uma guerra nacional?

A ideologia imperialista do poder, venha de onde vier, deve ser neutralizada para sempre. Nunca mais se deve permitir que um militarismo prussiano unilateral chegue ao poder. Somente uma cooperação generosa entre os povos europeus pode preparar o terreno sobre o qual será possível voltar a construir. Qualquer poder centralizador, como o poder que o Estado prussiano tentou exercer na Alemanha e na Europa, deve ser sufocado na raiz. A futura Alemanha só poderá ser federalista! Hoje, apenas uma saudável ordem estatal federalista pode preencher com nova vida a Europa debilitada. O operariado precisa ser libertado de sua condição de mais baixa escravidão através de um socialismo sensato. A ilusão da economia autárquica precisa desaparecer da Europa. Cada povo, cada indivíduo tem direito aos bens do mundo!

Liberdade de expressão, liberdade religiosa, proteção de cada indivíduo contra a arbitrariedade de Estados autoritários e criminosos: são estes os fundamentos da nova Europa.

Apoiem o movimento de resistência, *distribuam* os panfletos!

[VI]

Colegas universitários!
Nosso povo está estarrecido diante da queda dos homens de Stalingrado. A genial estratégia daquele que foi cabo na Primeira Guerra Mundial lançou, inútil e irresponsavelmente, 330 mil homens alemães à morte e à perdição. Führer, nosso muito obrigado!

Há sinais claros de efervescência no povo alemão: queremos continuar confiando o destino de nossos exércitos a um diletante? Queremos sacrificar o resto de nossa juventude alemã aos mais baixos instintos de uma corja partidária? Nunca mais! Chegou o dia de acertar as contas: do acerto de contas da juventude alemã com a tirania mais execrável que nosso povo já suportou. Em nome de todo o povo alemão, exigimos que o Estado de Adolf Hitler nos devolva a liberdade pessoal, o bem mais precioso dos alemães, que ele nos roubou da maneira mais deplorável.

Crescemos em um Estado em que toda a livre expressão da opinião foi amordaçada sem escrúpulos. A Juventude Hitlerista, a SA e a SS tentaram nos uniformizar, nos remodelar e nos anestesiar nos anos de formação mais fecundos de nossas vidas. O desprezível método de sufocar, em um nevoeiro de frases vazias, a incipiente capacidade individual de pensar e julgar chamava-se "formação da visão de mundo". Através de uma seleção idealizada pelo Führer, a qual não poderia ser pensada de forma mais demoníaca e ao mesmo tempo obstinada, são treinados os futuros figurões do partido em quartéis de elite para serem exploradores e jovens assassinos — ímpios, descarados e inescrupulosos —, para

Panfletos

serem cegos e estúpidos seguidores do Führer. Nós, operários do intelecto, seríamos as pessoas certas para entravar o caminho dessa nova camada de homens superiores. Os combatentes do *front* são tratados por líderes estudantis e aspirantes a chefe de distrito como meninos de escola; chefes de distrito ferem a honra das estudantes com brincadeiras lascivas. Num evento da Universidade de Munique, as estudantes alemãs responderam à altura aos que tentaram macular sua honra; os estudantes alemães defenderam suas colegas e não cederam... Esse é o início da luta por nossa livre autodeterminação, sem a qual valores morais não podem ser criados. Nosso agradecimento à coragem das nossas colegas e à firmeza dos estudantes, a todos os que deram um brilhante exemplo!

Para nós só existe um lema: a luta contra o partido! Abandonar as estruturas do partido que querem nos manter amordaçados politicamente! Sair dos auditórios dos sargentos e coronéis da SS e dos capachos do partido! Queremos a ciência verdadeira e a autêntica liberdade de espírito! Nenhuma ameaça conseguirá nos intimidar: nem mesmo o fechamento de nossas universidades! Trata-se da luta de cada um de nós pelo nosso futuro, nossa liberdade e honra em um Estado consciente de sua responsabilidade moral.

Liberdade e honra! Por dez longos anos, Hitler e seus comparsas distorceram, banalizaram e perverteram até a náusea essas duas sublimes palavras, como só diletantes são capazes de fazer, lançando aos porcos os valores supremos de uma nação. Eles já mostraram suficientemente o que significa liberdade e honra para eles, nesses dez anos de aniquilamento de toda liberdade de pensamento e de ação, de toda a essência do povo alemão. Até o alemão mais burro teve seus olhos abertos pela terrível carnificina que eles, em nome da honra e liberdade da nação alemã, realizaram e continuam realizando diariamente em toda a Europa. A reputação alemã ficará para sempre maculada se a juventude alemã não se elevar, não se vingar, não se redimir, não esmagar seus algozes e construir uma nova Europa espiritual, de uma vez por todas.

Universitárias! Universitários! O povo alemão olha para nós! Hoje, ele espera de nós o fim do terror nacional-socialista pelo poder do espírito, assim como esperou em 1813 o fim do terror napoleônico.

Beresina e Stalingrado estão em chamas no Leste, os mortos de Stalingrado nos invocam!

"Levanta, meu povo, já ardem as chamas!"

Nosso povo está em levante contra a escravização da Europa imposta pelo nacional-socialismo, na confiança renovada de que a honra e a liberdade triunfarão!

Observações sobre os objetivos da Rosa Branca

Inge Scholl

Este livro foi escrito logo após a Segunda Guerra Mundial, em cujos escombros teve fim o Terceiro Reich. Na época, escrevi a história da Rosa Branca a partir da experiência dos meus irmãos Hans e Sophie porque constantemente me perguntavam a respeito — professores, estudantes, velhos e jovens contemporâneos dos meus irmãos. Escrevi esta história para os jovens que cresceram com a Juventude Hitlerista e cujos olhos de repente foram abertos pelo terrível vazio — e que agora buscavam a verdade, aquilo que era divergente em seu próprio povo. Naquela época, iniciou-se um processo de autorreflexão política; foi um início libertador...

Eu havia me limitado a narrar a história de meus irmãos e seus amigos a partir da perspectiva de uma pessoa muito próxima. Naquele momento, a distância temporal que teria possibilitado a investigação do contexto histórico ainda não existia e tampouco se colocava a pergunta sobre o êxito da resistência. Pois para as pessoas que, após o fim da Guerra, tomaram conhecimento dos atos hediondos cometidos pelo sistema nazista, o simples fato de ter havido uma resistência foi crucial. Seu estado de ânimo bem podia ser expresso pelas palavras de Sir Winston Churchill:

> "Em toda a Alemanha houve oposição, uma
> oposição que está entre as mais nobres e grandiosas
> que já foram vistas na história política de todos os

povos. Esses homens lutaram sem nenhuma ajuda, interna ou externa, movidos unicamente pela inquietação da própria consciência. Enquanto vivos, foram invisíveis para nós, pois eram obrigados a se camuflar. Nos mortos, porém, a resistência tornou-se visível. Esses mortos não podem justificar tudo o que ocorreu na Alemanha. Mas os mortos e as vítimas são fundamento inabalável de um novo início."

Sobretudo os jovens, de cuja boa-fé tanto se havia abusado, encontraram na história da Rosa Branca o estímulo necessário para um recomeço. Eles não sentiram pesar sobre si apenas o fardo de um passado cruel ou do próprio fracasso, mas romperam a resignação por meio do reconhecimento e, até mesmo, da identificação com a resistência.

Com o passar do tempo, vieram à luz documentos que completaram minhas anotações com detalhes importantes; esses materiais ofereciam informações sobre o contexto e delineavam com mais clareza o perfil político do círculo de resistência. Esta nova edição apresenta uma seleção de tais documentos.

E, acima de tudo, os testemunhos dos amigos contribuíram para aprofundar a compreensão do que foi a Rosa Branca.

Mas quem foram essas pessoas que — unidas num pequeno grupo — ousaram lutar, só com panfletos, contra um sistema inteiramente baseado na força das armas, que havia subjugado quase toda a Europa?

Qual foi o propósito de sua resistência? Quais eram seus objetivos políticos e qual era a sua ideologia?

Tudo indica que, para os participantes do grupo estudantil de resistência de Munique, não restavam dúvidas de que aquele regime, com seu aparato totalitário de poder, não poderia ser derrubado senão por meio da força. Como não dispunham de tais meios, procuraram outro caminho: o do esclarecimento e da *resistência passiva*. Não é possível saber com certeza até que ponto eles tinham planos concretos ou expectativa ou esperança de que a resistência passiva se transformasse em *resistência ativa*. De qualquer modo, um dos panfletos da Rosa Branca (II) diz: "Se uma onda de revolta se propagar pelo país, se houver algo no ar, se muitos participarem, então, em um último e extraordinário esforço, esse sistema poderá ser derrubado. Um fim com terror ainda é melhor que um terror sem fim".

O círculo da Rosa Branca em Munique tinha o objetivo de gerar uma crescente conscientização pública acerca do verdadeiro caráter do nacional-socialismo e da situação concreta para a qual o regime havia conduzido a Alemanha e a Europa. Eles queriam difundir a ideia da resistência passiva nos mais diversos âmbitos sociais. Diante das circunstâncias, nenhuma organização rígida teria obtido êxito. O medo generalizado de uma intervenção da Gestapo, sempre à espreita, e do sistema de espionagem extremamente articulado constituía a principal barreira.

Por outro lado, parecia ser possível, através de informações anônimas, disseminar a impressão de que não havia mais um apoio incondicional ao Führer e de "que havia por toda parte uma grande inquietação" (nas palavras de um intelectual de Munique que assim caracterizou o processo que se iniciava).

O lema da resistência passiva deveria transmitir às inúmeras pessoas contrárias ao regime o sentimento de uma solidariedade real embora imperceptível, deveria fortalecê-la e ampliá-la, convencer os indecisos, levar os indiferentes a tomar uma decisão, colocar os adeptos do nazismo em dúvida e tornar céticos os eufóricos. A resistência passiva, conclamada nos panfletos de forma categórica e quase apelativa, não tinha muitas chances de êxito, mas as poucas oportunidades deveriam ser aproveitadas: desde o pequeno exercício pessoal de coragem cívica (por exemplo, deixar de fazer a saudação fascista quando um grupo de camisas-marrons passasse com a bandeira) até a saída do partido ou da Juventude Hitlerista. No entanto, esse passo exigia uma coragem extraordinária, pois tornaria a pessoa suspeita de ser um "inimigo do povo". Uma vez que o humor de Hitler dependia fortemente da simpatia das massas, uma reviravolta da situação poderia ter sido uma arma bastante eficaz. Por esse motivo, a cúpula do partido considerou os panfletos da Rosa Branca um dos maiores "crimes" políticos contra o Terceiro Reich.

Da perspectiva de um alemão apolítico, o que na época era a regra, a resistência passiva poderia ter sido resumida aos seguintes pontos programáticos: distanciamento de tudo que estivesse ligado ao nacional-socialismo, retirada do apoio direto ou indireto ao partido nacional-socialista, ajuda aos oprimidos, amparo aos judeus (sempre que fosse possível), solidariedade para com os trabalhadores estrangeiros e prisioneiros de guerra, prática efetiva de recusa e desobediência, exercício do boicote camuflado e consciência de ser um elo de uma grande corrente europeia de resistência que se estendia da França, Holanda, Bélgica e Escandinávia até a Europa oriental. A solidariedade para com outros grupos de resistência parecia ser muito importante para o meu irmão, pois ele via na Segunda Guerra Mundial o fim do nacionalismo, de um nacionalismo que trazia em si o perigoso germe do fascismo.

O terceiro panfleto da Rosa Branca explica o que o grupo entendia por resistência passiva.

Aqueles estudantes viam na resistência passiva a arte das possibilidades. A resistência deveria motivar as pequenas ações que estivessem ao alcance de qualquer um, por menores que fossem. Significava, em outras palavras, concentrar-se no que era viável sem perder de vista o objetivo, libertar-se do medo pavoroso e da indiferença aniquiladora. Ponderação, versatilidade e criatividade na vida cotidiana deveriam ser contrapostas a resignação e apatia.

O que dificultava a resistência alemã era ter que se opor claramente ao próprio Estado, à própria nação e aos seus interesses. Para muitas pessoas isso significava um grave conflito interior com o qual era árduo lidar. Mas os meus irmãos o reconheciam como um falso problema. A resistência dos outros países europeus contra a ocupação fascista-alemã contava com a solidariedade popular. Na Alemanha, não foi assim. Mas o cerne da resistência contra o fascismo cristalizou-se de maneira mais evidente por renunciar à solidariedade do próprio povo. Tratava-se, antes de mais nada, de resgatar a soberania humana, defender uma sociedade livre e suas conquistas — pelas quais todos os povos, até os dias de hoje, tiveram que lutar com esforço e sacrifício, enfrentando incompreensões (uma luta que perdurará por muito tempo). Tratava-se de combater o perigo de uma nova barbárie que já irrompia, combater a legitimação do genocídio e uma doutrina elitista e inescrupulosa de raça e de Estado.

Era preciso defender o que a humanidade tem em comum, era preciso colocar isso acima dos interesses da própria nação. Era preciso salvar o que todas as nações e raças têm em comum, o que é maior e incomparavelmente mais importante do que as diferenças. É a partir daí que a nação enquanto dimensão histórica e social adquiria sua importância. Via-se a Segunda Guerra Mundial, que também servia de pretexto para o extermínio dos judeus, como uma guerra dos mais fortes contra os mais fracos, contra os dissidentes, contra o outro. Numa luta como essa, todos que se sentiam humanamente responsáveis tinham que demonstrar solidariedade para com as vítimas. Era justamente a política de opressão,

Observações sobre os objetivos da Rosa Branca

exercida pelo Estado em nome de supostos interesses nacionais, que tornava visível a ideia de uma união superior nova.

No início, a posição política dos meus irmãos era simples: intuitivamente reconheciam a democracia parlamentarista, sobretudo o modelo anglo-saxão. Mas isso não estava em primeiro plano. O ponto crucial foi o "sim" ao partido nacional-socialista ter se transformado num claro "não". As dúvidas iniciais foram se tornando uma rejeição explícita; por fim, eles não buscaram soluções em debates teóricos sobre possibilidades concretas, mas no anseio por mudanças pragmáticas.

Naturalmente a política também se tornava aos poucos uma paixão teórica. Hans Scholl até cogitava trocar a medicina, após a guerra, numa Alemanha livre, pela história e pelo jornalismo e talvez pela política.

No entanto, entre aqueles estudantes havia mais uma vaga ideia do que uma concepção clara do que viria *depois*. É possível supor que a própria superação do nazismo pelo povo seria a base dessa concepção de futuro.

Esses estudantes haviam superado o nacionalismo, principalmente o nacionalismo burguês, de forma quase desrespeitosa. Tinham um senso aguçado para questões políticas, o qual porém não era definido em termos ideológicos, mas sociológicos: seu interesse principal era a sociedade. Sua primeira preocupação era o fracasso da intelectualidade alemã, do qual eles tinham plena consciência. Por isso, usaram a linguagem da burguesia culta e se referiram aos grandes nomes da cultura alemã como Schiller e Goethe, sobretudo no primeiro panfleto. Tentaram tocar principalmente as pessoas cultas. Tentaram despertar na intelectualidade alemã uma consciência pesada e, por fim, suscitar o protesto interno e externo. No diário que meu irmão escreveu no outono de 1942, quando servia no *front* russo como soldado-enfermeiro, encontram-se as palavras:

"O homem nasceu para pensar, diz Pascal, para pensar, meu estimado Acadêmico — nessa palavra está minha crítica a ti. Ficas surpreso, representante do Espírito! Mas tu serves à ausência deste Espírito nesta hora desesperada. Mas não enxergas o desespero, és rico, mas não enxergas a pobreza. Tua alma seca, pois não queres ouvir ao seu chamado. Tu refletes sobre o último aprimoramento de uma metralhadora, porém desde tua juventude reprimes a pergunta mais primordial. A pergunta: Por quê? E para onde?"

Meu irmão partia do pressuposto de que a intelectualidade tinha uma responsabilidade maior devido a seus conhecimentos. Mas Hans não queria só que ela refletisse, ela deveria reforçar o seu papel por meio do engajamento político e conquistar maior relevância na sociedade através de ações concretas.

Nessa reflexão rigorosa, a descoberta do cristianismo desempenhou um papel decisivo e ocorreu ao mesmo tempo em que meus irmãos desenvolveram sua autonomia política. Na época, a hierarquia religiosa ficou comprometida pela aliança inicial com o nacional-socialismo e permaneceu calada; mas inúmeros cristãos atuaram na clandestinidade e uma parte uniu-se à resistência. Sua firmeza inabalável, sua responsabilidade e sua convicção eram encorajadoras. Foi assim que tiveram acesso ao cristianismo sem as barreiras das futilidades religiosas. Por meio de amigos e jornalistas como Carl Muth e Theodor Haecker, meus irmãos participavam de diálogos filosófico-existencialistas em torno de Kierkegaard, Santo Agostinho e Pascal. Por outro lado, descobriram a racionalidade da Alta Escolástica como um nível elevado de pensamento; o diálogo entre o mundo moderno e o religioso parecia possível. Diferentemente do que ocorreu na década de 1950, no período de reconstrução do país, tinham consciência de que a civilização ocidental era um fato histórico passado. Ficaram impressionados com o diálogo entre Maritain — filósofo francês conservador, mas aberto aos desdobramentos da história — e Jean Cocteau — escritor de vanguarda — sobre Teologia e Surrealismo.

O cristianismo, tal como se revelou a eles, andava de mãos dadas com uma crítica sempre presente — o que se poderia chamar na época de vigilância —, que os acompanhou, em suas trajetórias à terra de ninguém, como um companheiro prudente. Abriu-se uma dimensão instigante de possibilidades espirituais e existenciais, um espaço no qual o ato de pensar não tolerava obstáculos.

Foi possível delinear uma relação entre a pintura expressionista, a teologia moderna e a ação política. Não era preciso recorrer a fontes de segunda mão; agora só se encontrava o pintor em seu ateliê, pois suas obras haviam sido proibidas. Encontrava-se o filósofo pessoalmente nas discussões: seus livros não estavam mais à venda. Participava-se do momento em que as ideias surgiam e não quando eram recebidas. Assim floresceram a liberdade e a vitalidade do pensamento, que, por fim, despertaram o desejo de agir.

Alguns poucos estudantes assumiram o peso de agir sob a onipresença da ditadura; aceitaram a solidão, não puderam se abrir nem mesmo com a família; aceitaram a limitação imposta pela onipotência do Estado; contentaram-se em provocar rachaduras ao invés de grandes explosões. Não quiseram e não puderam ir além e estavam prontos a pagar com tudo o que eram e tinham.

Sentenças do Tribunal do Povo

SENTENÇA CONTRA HANS SCHOLL, SOPHIE SCHOLL
E CHRISTOPH PROBST, DE 22 DE FEVEREIRO DE 1943

Em nome do povo alemão

Na ação penal contra:

1) Hans Fritz Scholl, residente em Munique, nascido em Ingersheim, em 22 de setembro de 1918;

2) Sophia Magdalena Scholl, residente em Munique, nascida em Forchtenberg, em 9 de maio de 1921;

3) Christoph Hermann Probst, residente em Aldrans, próximo a Innsbruck (Áustria), nascido em Murnau, em 6 de novembro de 1919;

atualmente, em prisão preventiva, no processo em questão, por favorecimento do inimigo, traindo seu país, por planejar alta traição e corrupção militar,

o Tribunal do Povo, 1ª Turma, baseado na audiência de 22 de fevereiro de 1943, da qual participaram

como juízes:

Presidente do Tribunal do Povo e juiz relator, Dr. Freisler,

Diretor do Tribunal Regional, Stier,

Tenente-General da SS, Breithaupt,

Tenente-General da SA, Bunge,

Secretário de Estado e Tenente-General da SA, Kölgmaier,

como representante do procurador-geral do Reich:

Procurador do Reich, Weyersberg,

reconheceu como sendo de direito:

Durante a guerra, os réus incitaram a população, por meio de panfletos, a sabotar o armamento e destituir o nosso povo de seu estilo de vida nacional-socialista, propagando ideias derrotistas e ofendendo o Führer da maneira mais traiçoeira possível e, portanto, favorecendo o inimigo do Reich e corrompendo nossa força militar.

Por tais atos, eles são condenados

à *morte*.

Eles serão privados de seus direitos civis para sempre.

Fundamentos

O réu, Hans Scholl, desde a primavera de 1939, estudou medicina e está — graças à assistência do regime nacional--socialista — no oitavo semestre! Nesse período, ele trabalhou em um hospital de campanha na frente de batalha contra a França, e, de julho a novembro de 1942, no corpo médico do *front* oriental.

Como estudante, ele tem o dever de trabalhar em prol da sociedade de modo exemplar. Como soldado, ele foi destacado para estudar na universidade e tem um especial dever de lealdade para com o Führer. Nem tal dever, nem a assistência que o Reich concedeu justamente a ele impediram-no de redigir, reproduzir e distribuir os panfletos da "Rosa Branca" na primeira metade do verão de 1942, os quais prediziam de modo pessimista a derrota da Alemanha, exortavam à resistência passiva, à sabotagem em fábricas de armamentos e em todas as ocasiões possíveis, a fim de distanciar o povo alemão de seu estilo de vida nacional-socialista e, portanto, também de seu governo.

Isso porque ele imaginava que só assim o povo alemão poderia sobreviver à guerra!!

Em novembro de 1942, Scholl retornou da Rússia e pediu a seu amigo, o co-réu Probst, que este escrevesse um manuscrito que abrisse os olhos do povo alemão! Probst de fato entregou a Scholl um rascunho do panfleto encomendado no final de janeiro de 1943.

Em conversas com sua irmã Sophia Scholl, ambos decidiram fazer propaganda política através de panfletos a fim de se organizarem contra a guerra e por uma aliança com as plutocracias inimigas do nacional-socialismo. Os dois irmãos, que alugavam seus quartos de estudante da mesma senhoria, redigiram juntos um panfleto "a todos os alemães", em que predizem a derrota da Alemanha na guerra, anunciam a guerra pela libertação contra a "sub-humanidade nacional-socialista" e fazem reivindicações no sentido de uma democracia formal liberal. Além disso, os irmãos escreveram um panfleto dirigido aos "estudantes universitários alemães" (nas edições posteriores, para os "colegas universitários"). Eles declaram oposição ao partido, afirmam que teria chegado o dia do acerto de contas, e não temem comparar o seu apelo à guerra contra o Führer e contra o estilo de vida nacional-socialista de nosso povo com as guerras de libertação contra Napoleão (1813) e, para isso, evocam a canção de guerra "Levanta, meu povo, já ardem as chamas"!!!

Os réus Scholl reproduziram os panfletos, em parte com ajuda de um amigo, o estudante de medicina Schmorell, e, de comum acordo, os distribuíram:

1) Schmorell foi para Salzburgo, Linz, Viena e desses lugares depositou, em caixas de correio, 200, 200 e 1.200 panfletos, respectivamente, para destinatários dessas cidades; além disso, depositou 400 cópias na caixa do correio em Viena para endereços em Frankfurt/M.;

2) Sophia Scholl depositou 200 cópias em caixas de correio em Augsburgo e, em outra oportunidade, 600, em Stuttgart;

3) Numa certa madrugada, Hans Scholl, junto com Schmorell, espalhou milhares de panfletos pelas ruas de Munique;

4) No dia 18 de fevereiro, os irmãos Scholl depositaram, em maços, entre 1.500 e 1.800 panfletos na Universidade de Munique, e Sophie Scholl jogou uma pilha do segundo andar para o pátio interno.

Hans Scholl e Schmorell, na madrugada dos dias 3, 8 e 15/2/1943, também fizeram pichações em muitos locais de Munique, principalmente nos muros da Universidade, com as inscrições: "Abaixo Hitler", "Hitler, assassino em massa" e "Liberdade". Após a primeira ação, Sophia Scholl tomou conhecimento e aprovou sua realização e pediu — obviamente em vão — para participar das próximas! Os próprios réus arcaram com as despesas, aproximadamente 1.000 marcos no total.

Probst também iniciou seu curso de medicina no início de 1939 e agora se encontra no 8º semestre como soldado destacado para a Universidade. Ele é casado e tem 3 filhos de: 2 anos e meio, 1 ano e três meses e de 4 semanas. Ele é uma pessoa "apolítica", portanto não é um homem de verdade! Nem a assistência nacional-socialista do Reich para a sua formação profissional, nem o fato de que só a política social do nacional-socialismo possibilitou a ele, como estudante, ter uma família, impediram-no de, a pedido de Scholl, elaborar "um manuscrito" que usa a heroica luta em Stalingrado como oportunidade para insultar o Führer como impostor militar e para criar um derrotismo covarde e, depois, transforma sua redação em um apelo, convocando a população para agir, por meio de um posicionamento contrário ao nacional-socialismo, a favor de uma capitulação, que ele considera honrosa. Ele reveste as profecias de seu panfleto fazendo referência a — Roosevelt! E ele só pôde saber disso por ter ouvido emissoras de rádio inglesas!

Todos os réus confessaram as afirmações acima. Probst tentou desculpar-se alegando uma "depressão psicótica" no momento da redação. A causa disso teria sido Stalingrado e a febre puerperal de sua esposa. No entanto, isso não desculpa *tal* reação.

Aquele que, como os réus, comete alta traição no *front* interno e, com isso, corrompe a nossa força militar em plena guerra e, portanto, favorece o inimigo do Reich (artigo 5 do Código Penal Alemão para caso de Guerra e artigo 91b do Código Penal Alemão), ergue a adaga para com ela apunhalar as costas do *front*! O mesmo vale para Probst, embora ele afirme que não tinha a intenção de transformar o manuscrito em panfleto, pois a linguagem do manuscrito mostra justamente o oposto. Quem age assim tenta produzir uma primeira cisão na forte união de nossa frente de combate, justo agora, quando é fundamental estarmos fortemente unidos. E quem fez isso foram estudantes alemães, que sempre se distinguiram pelo autossacrifício em nome do povo e da pátria!

Se tal ação não fosse punida com a morte, representaria o início de uma reação em cadeia, cujo desfecho seria o mesmo de 1918. Assim, para que o Tribunal do Povo proteja o povo combatente e o Reich, só existe uma pena justa: a pena de morte. Dessa forma, o Tribunal do Povo tem certeza de representar a opinião de nossos soldados!

Por sua traição ao nosso povo, os réus serão privados de seus direitos civis para sempre.

Por serem condenados, os réus também devem arcar com as custas do processo.

Assinado por

Dr. Freisler

Stier

Sentença contra Alexander Schmorell, Kurt Huber, Willi Graf, entre outros, de 19 de abril de 1943

Em nome do povo alemão

Na ação penal contra:

1) Alexander Schmorell, residente em Munique, nascido em 16 de setembro de 1917, em Orenburgo (Rússia);

2) Kurt Huber, residente em Munique, nascido em 24 de outubro de 1893, em Chur (Suíça);

3) Wilhelm Graf, residente em Munique, nascido em 2 de janeiro de 1918, em Kuchenheim;

4) Hans Hirzel, residente em Ulm, nascido em 30 de outubro de 1924, em Untersteinbach/Stuttgart;

5) Susanne Hirzel, residente em Stuttgart, nascida em 7 de agosto de 1921, em Untersteinbach;

6) Franz Joseph Müller, residente em Ulm, nascido em 8 setembro de 1924, em Ulm;

7) Heinrich Guter, residente em Ulm, nascido em 11 de janeiro de 1925, em Ulm;

8) Eugen Grimminger, residente em Stuttgart, nascido em 29 de julho de 1892, em Crailsheim;

9) Dr. Heinrich Philipp Bollinger, residente em Friburgo, nascido em 23 de abril de 1916, em Saarbrücken;

10) Helmut Karl Theodor August Bauer, residente em Friburgo, nascido em 19 de junho de 1919, em Saarbrücken;

11) Dr. Falk Erich Walter Harnack, residente em Chemnitz, nascido em 2 de março de 1913, em Stuttgart;

12) Gisela Schertling, residente em Munique, nascida em 9 de fevereiro de 1922, em Pößneck/Turíngia;

13) Katharina Schüddekopf, residente em Munique, nascida em 8 de fevereiro de 1916, em Magdeburg;

14) Traute Lafrenz, residente em Munique, nascida em 3 de maio de 1919, em Hamburgo;

atualmente, em prisão preventiva, no processo em questão, por favorecimento do inimigo, entre outros,

o Tribunal do Povo, 1ª Turma, baseado na audiência de 19 de abril de 1943, da qual participaram

como juízes:

Presidente do Tribunal do Povo e juiz relator, Dr. Freisler,

Diretor do Tribunal Regional, Stier,

Tenente-General da SS e Tenente-General da Waffen-SS, Breithaupt,

Tenente-General da SA, Bunge,

Tenente-General da SA e Secretário de Estado, Köglmaier,

como representante do procurador-geral do Reich:

Promotor de Justiça Bischoff,

reconheceu como sendo de direito:

Durante a guerra, Alexander Schmorell, Kurt Huber e Wilhelm Graf incitaram o povo, por meio de panfletos, a sabotar o armamento e a abandonar o estilo de vida nacional-socialista, propagando ideias derrotistas e ofendendo o Führer da maneira mais traiçoeira possível e, portanto, favorecendo o inimigo do Reich e corrompendo nossa força militar.

Por tais atos, eles são condenados

à *morte*.

Eles serão privados de seus direitos civis para sempre.

Eugen Grimminger deu dinheiro a um perpetrador de alta traição, favorecedor do inimigo. É verdade que ele não tinha consciência de que assim estava ajudando a favorecer o inimigo do Reich. Mas ele previa que este poderia empregar o dinheiro para subtrair do nosso povo seu estilo de vida nacional-socialista.

Por assim ter apoiado uma alta traição, ele é condenado a dez anos de reclusão com trabalhos forçados e será privado de sua honra por dez anos.

Heinrich Bollinger e Helmut Bauer tinham conhecimento de atividades de alta traição, mas não as denunciaram. Além disso, ouviram juntos notícias de emissoras estrangeiras sobre os fatos da guerra e acontecimentos dentro da Alemanha. Por terem cometido tais atos, eles são condenados a sete anos de reclusão com trabalhos forçados e perderão sua honra civil por sete anos.

Hans Hirzel e Franz Müller, como rapazes imaturos seduzidos pelos inimigos do Estado, apoiaram a campanha de alta traição contra o nacional-socialismo disseminada através de panfletos. Por tais atos, eles são condenados a cinco anos de prisão.

Heinrich Guter sabia das referidas intenções de propaganda, mas não as denunciou. Por tais atos, ele é condenado a dezoito meses de prisão.

Gisela Schertling, Katharina Schüddekopf e Traute Lafrenz perpetraram o mesmo crime. Por tais atos, são condenadas, por serem moças, a um ano de prisão.

Susanne Hirzel ajudou a distribuir os panfletos de alta traição. É verdade que ela não sabia que neles havia conteúdo de alta traição, mas por ter deixado de verificar o conteúdo dos panfletos, num ato de ingenuidade imperdoável, ela é condenada a seis meses de prisão. Para todos os réus que foram condenados à pena de reclusão com trabalhos forçados ou prisão, o Tribunal do Povo descontou integralmente da pena total o período que passaram em prisão preventiva.

É verdade que Falk Harnack tampouco denunciou seu conhecimento sobre atividades de alta traição. Mas no seu caso há circunstâncias tão únicas e especiais que não se pode condená-lo por causa dessa omissão. Por tal motivo, ele é absolvido.

Fundamentos

Esta sentença deve ser considerada como vinculada à sentença que o Tribunal do Povo teve que proferir há poucas semanas. Naquele momento, três pessoas que constituíam o núcleo desse apoio de alta traição ao nosso inimigo de guerra tiveram que ser julgadas. Duas delas, Hans Scholl e Sophie Scholl, eram a alma da organização de real alta traição, de traição à pátria, de favorecimento do inimigo e de corrupção do nosso poderio militar. Eles vêm de uma família que também defendia uma posição inimiga do povo alemão e, nela, não receberam educação que os transformasse em verdadeiros compatriotas alemães. Sobre o crime e culpa dos dois, o Tribunal do Povo constatou na época:

[Segue-se aqui o teor completo dos fundamentos da sentença contra Hans Scholl, Sophie Scholl e Christoph Probst — ver. pp. 122-5 da presente edição].

Tudo o que o Tribunal do Povo constatou naquela sentença é também resultado da apuração da verdade no presente processo. E se baseia também, sempre que é feita referência aos réus do primeiro processo, em suas próprias declarações. Da mesma maneira, tudo o que é constatado neste processo também está baseado nos depoimentos dos próprios réus, salvo quando os pormenores das constatações forem expressamente salientados aqui.

Somente em relação aos seguintes itens a nova audiência trouxe à tona um novo quadro para o caso:

1) Foi Huber quem redigiu o panfleto "Colegas universitários!". Scholl e Schmorell apenas modificaram um pouco o panfleto (vide abaixo) e depois o imprimiram;

2) Em Stuttgart, não foi Sophie Scholl, mas sim Hans

Hirzel quem levou os panfletos ao correio. Sophie Scholl levou os panfletos somente até Ulm e encarregou Hans Hirzel de prepará-los para a postagem e depositá-los nas caixas de correio em Stuttgart;

3) Grimminger contribuiu com 500 RM para as despesas. Essas inexatidões na primeira sentença resultam de os então réus terem assumido a culpa, em relação a estes itens, no lugar de três réus do processo atual (Huber, Hirzel e Grimminger).

O Tribunal do Povo que sentencia agora com os mesmos membros oficiais e honorários do outro processo faz questão de constatar que sua sentença anterior não teria tido outro teor, mesmo se as circunstâncias reais destes três itens tivessem sido conhecidas na época.

Hoje, o Tribunal do Povo teve que julgar outra parte do grupo que constituía o núcleo dessa organização:

1) Schmorell, que desempenhou papel semelhante ao de Hans Scholl;

2) Graf, que cooperou quase na mesma proporção que Schmorell e Hans Scholl na alta traição e no favorecimento do inimigo. Ambos foram destacados das Forças Armadas nacional-socialistas para o estudo da medicina. Ambos deveriam ter sido especialmente gratos ao Führer, pois ele financiou — como fez com todos os estudantes de medicina destacados para este fim — a formação acadêmica de ambos; eles recebiam mensalmente — incluso o subsídio-alimentação — mais de 250 RM, além de cerca de 200 RM em mantimentos, mais, portanto, do que a maioria dos universitários recebem de suas famílias. Ambos eram primeiros-sargentos, ambos alistados em Companhias estudantis!!!;

3) A seu lado, hoje também está um homem que deveria ser educador da juventude: o então professor universitário *Huber*, que se diz filósofo e cuja influência sobre seus estudantes pode até ter sido boa do ponto de vista acadêmico (ao

tribunal falta ensejo e conhecimento para julgar isso). Mas um professor universitário alemão é, sobretudo, um educador da nossa juventude e, nessa função, deve, especialmente em tempos de necessidade e de luta, usar sua influência para fazer dos nossos jovens universitários dignos irmãos mais novos dos combatentes de Langemarck, para fortalecê-los na sua absoluta confiança em nosso Führer, no Povo e no Reich, para ajudar a transformá-los em combatentes do nosso povo, fortes e prontos ao sacrifício!

Mas o réu *Huber* fez exatamente o contrário! Ele alimentou dúvidas ao invés de cortá-las pela raiz; ele discursava sobre o federalismo e democracia multipartidária como se fossem necessárias para a Alemanha, ao invés de ensinar e ser ele mesmo um bom exemplo do imbatível nacional-socialismo. Ele semeou dúvidas em nossa juventude quando não era o momento de revolver problemas, mas sim de desembainhar a espada. Ele participou da redação de um panfleto subversivo do "movimento de resistência" e redigiu, ele próprio, outro intitulado: "Colegas universitários!". É verdade que ele desejava insistentemente que uma frase que ele tinha incluído permanecesse no panfleto. Nela, os estudantes universitários foram convocados a se colocarem totalmente à disposição das Forças Armadas nacional-socialistas. Mas o fato de ele ter acrescentado tal frase não pode ser uma justificativa. Pois, assim, ele colocou as Forças Armadas nacional--socialistas contra o Führer e contra o partido nacional-socialista, que o panfleto ofendia da forma mais grave e convocava a combater! O fato de os universitários condenados junto com ele terem cortado a frase contra a sua vontade não o justifica de maneira alguma. Quem instiga as nossas Forças Armadas a irem contra o nacional-socialismo quer lhes subtrair a força, pois elas estão baseadas na visão de mundo nacional-socialista dos nossos soldados. Isso é o fundamento da invencibilidade do nosso exército revolucionário nacional-

Sentenças do Tribunal do Povo

-socialista! Depois de Fichte e Kant, depois de tantos professores universitários alemães que, como tambores, convocaram os estudantes ao dever, um "professor" como este é uma mácula para a comunidade científica alemã. E esta fez muito bem em removê-la no contexto deste processo: Huber foi afastado do cargo e da função por desonra e infâmia. Além disso, Huber afirmou acreditar que fazia algo bom. Mas nós não incorreremos novamente no erro do governo de interstício de Weimar, que considerava os perpetradores de alta traição e traidores da pátria como homens honrados e lhes concedia, por serem presos políticos, um regime de pena especial. Já se foram os tempos em que cada um podia andar por aí com sua própria "crença" política! Para nós, há somente *uma* medida, a nacional-socialista. Ela é a medida de todas as coisas! Schmorell, para tentar se justificar, dispara que ele seria russo por parte de mãe e, por isso, teria querido unir, de alguma forma, alemães e russos. O espantoso absurdo a que ele chegou ficou evidente quando disse, na audiência, que ele, como soldado alemão, teria se proposto a "não atirar nem em alemães, nem em russos"!!! A Justiça Penal nacional--socialista pretende considerar a personalidade do criminoso. Mas não pode e não deve estar aberta a atitudes distorcidas e inimigas do povo. É sobretudo este Tribunal que deve zelar para que o nosso povo não seja acometido novamente por uma cisão durante a guerra. Schmorell é soldado alemão, jurou lealdade ao Führer, pôde continuar seu estudo universitário às custas da Comunidade do Povo; não tem direito a uma objeção pessoal por ser meio-russo. Como de praxe, a moral da objeção de consciência não se sustenta diante de um tribunal alemão.

Graf ao menos teve a coragem de declarar no fim da audiência que não há desculpa para o seu crime. Mas o seu crime é tão grave que esta conclusão demasiado tardia não permite alterar a sentença.

Individualmente, cada um desses três réus cometeu sobretudo os seguintes atos:

1) *Schmorell* planejou tudo (com exceção dos panfletos "A Rosa Branca" e do esboço do panfleto de "Probst", que são pouco relevantes neste processo) junto com Hans Scholl.

Ele participou da decisão de redigir e distribuir panfletos, participou ativamente da produção dos mesmos, providenciou parte do material necessário, conhecia e aprovava seu conteúdo, especialmente o do "Movimento de Resistência" e o do panfleto incendiário "Colegas universitários!", participou de sua distribuição fora de Munique, foi até para Salzburg, Linz e Viena, onde depositou, em caixas de correio, os panfletos destinados a estas cidades, e para Frankfurt/M.; participou das ações noturnas de distribuição de panfletos e pichações, e do envio dos panfletos por correio em Munique; participou de uma noite de despedida para si e para Graf no Ateliê Eickemeyer (quando partiram para a frente de batalha no verão europeu de 1942) e também em outros encontros com Huber e universitários, nos quais foram realizados planos e debates políticos conforme seu ideário de traição ao povo. Ele e Hans Scholl procuraram Grimminger para tentar conseguir dinheiro; e também foi com Hans Scholl até a casa de Harnack com intenção de planejar propaganda política;

2) Quanto a *Graf*, verifica-se o mesmo que para Schmorell, exceto o fato de ele não ter participado das viagens ao exterior e também não ter providenciado material para a produção técnica dos panfletos. Em compensação, ele fez uma viagem com intenções informativas e fins de propaganda política, que o levou, entre outros, a estabelecer contato com Bollinger, a quem tentou aliciar;

3) *Huber* sabia das atividades de Hans Scholl, que lhe havia confiado seus pensamentos, planos e atividades; participou dos encontros, redigiu o panfleto "A todos os alemães"

do movimento de resistência, preparou ele próprio o rascunho do panfleto "Colegas universitários!" (vide acima); expressou, nos encontros, sua opinião "política" acerca da necessidade do federalismo da suposta "democracia do sul da Alemanha" em contraposição à suposta ala prussiano-bolchevique do nacional-socialismo, fortalecendo assim os universitários em suas atitudes subversivas e inimigas do povo e do Estado. Seu rascunho do panfleto é testemunho irrefutável de sua postura política. O fato de, conforme alegou, ter tentado (em vão) abortar o esboço — depois que sua frase sobre a condição de estudante e sobre o exército foi eliminada —, não muda absolutamente nada em sua convicção política e em suas ações. Pois mesmo que o panfleto tivesse sido lançado exatamente de acordo com sua redação, sua conduta seria igualmente condenável.

Aquele estudante ou professor que insulta o Führer dessa forma não é mais um dos nossos. Aquele que ataca com ferroadas traiçoeiras o nacional-socialismo não tem mais legitimidade para estar entre nós. Aquele que encarna a alta traição, parida de um cérebro inimigo do povo, e provoca a cisão da nossa unidade e da decisão de lutar está corrompendo nossa força militar; está ajudando o inimigo nesta guerra (artigo 91b do Código Penal Alemão). E homens como Huber, Schmorell e Graf estão plenamente cientes disso.

Aquele que assim age merece a morte. Essa conduta também não pode ser compensada por outros méritos (ressaltados por Huber).

Quem mais se aproxima do primeiro grupo dos condenados, em termos de gravidade dos seus atos, é o réu Grimminger que, juntamente com Probst e os irmãos Scholl — também penalizados pelo Tribunal do Povo na sentença anterior — constitui o cerne da organização-de-punhalada-pelas-costas dentro do "movimento de resistência". Hans Scholl e Schmorell visitaram Grimminger em Stuttgart; relataram a ele suas ações inimigas do povo: agitações, planos de distribuição de panfletos e busca de simpatizantes nas universidades; além disso, pediram-lhe dinheiro para tais fins. Ele deu uma resposta evasiva, mas disse a Hans Scholl que retornasse dali a algumas semanas. Foi o que Scholl fez. E então Grimminger lhe deu 500 RM! De fato, naquele momento, não causou a impressão de ter agido com a consciência de que aquele dinheiro não somente serviria para minar a unidade da pátria, mas também para enfraquecer nossa frente militar e nosso poderio bélico e, consequentemente, para ajudar nossos inimigos de guerra. Esse caso também teria sido penalizado de outra maneira, como caso grave de alta traição, se no fim da audiência — ainda depois do pedido do procurador-geral do Reich — não tivesse sido provado (pela testemunha Sra. Hahn) que ele mostra especial dedicação a seus empregados que são soldados; ele quer até proporcionar uma formação universitária a um deles que está gravemente ferido. Isso tudo fez a declaração do réu, de não imaginar estar favorecendo o inimigo do Reich, parecer crível aos olhos do Tribunal. E dá uma impressão um pouco mais nítida da sua personalidade. Por isso, o Tribunal do Povo considerou que seu crime (artigo 83 do Código Penal Alemão) será reparado em 10 anos de reclusão com trabalhos forçados, sendo que ele gozará plenamente da custódia protetora do Reich.

O próximo grupo de réus, apesar de saber da empreitada inimiga do povo e de alta traição, deixou de denunciá-la e, além disso, deu ouvidos ao inimigo. É o caso de Bollinger e Bauer. Bollinger conhecia Graf da organização de jovens católicos "A nova Alemanha" (região do Sarre, antes de seu retorno ao lar, ao Reich). Aliás, Hans Scholl também pertencia a esse grupo, e foi ali que Bollinger o conheceu.[3]

---

[3] Na verdade, Hans Scholl não pertencia a este grupo. (N. da E.)

Sentenças do Tribunal do Povo

Quando Graf, seguindo o conselho de Hans Scholl, decidiu aproveitar uma viagem à Renânia para sondar a opinião de conhecidos em cidades com universidades — Bonn e Friburgo — e fazer propaganda de seus planos inimigos do povo, ele também queria falar com Bollinger em Friburgo, mas soube que este havia viajado para Ulm. Encontrou-se com ele nessa cidade, e lá visitaram juntos um conhecido de Bollinger. Não falaram com este sobre assuntos políticos. Mas à noite, quando Bollinger acompanhou Graf à estação de trem, este lhe contou as ideias e planos do círculo de Hans Scholl em Munique. Suas tentativas de persuasão foram frustradas. Porém, ele deixou com Bollinger um panfleto, que este mostrou logo em seguida ao seu amigo, o co-réu Bauer que, aliás, também era um conhecido da "Nova Alemanha"! Bollinger não teria mostrado o panfleto para convencê-lo a participar, mas apenas para falar de seu encontro com Graf. Bollinger e Bauer compartilhavam o repúdio ao panfleto e a todas as ações de Hans Scholl.

A fim de resguardar a segurança do Reich, uma sentença como esta deve mostrar que homens maduros com formação superior, como esses dois, que não denunciarem algo assim, irão para a cadeia. É impossível a polícia estar em todos os lugares. O bem da Comunidade do Povo depende de que cada cidadão que pretenda ser um verdadeiro alemão apoie o partido, o Estado e as autoridades e denuncie tais empreitadas de alta traição quando as descobrir. No caso desses dois, ainda se deve punir sua desobediência para com o Führer: mesmo sabendo que o Führer o havia proibido, escutaram emissoras estrangeiras sobre acontecimentos militares e referentes à política interna. Pois foi isso que fizeram juntos, mais de uma vez, em uma cabana de esqui durante o final de semana. Tentam justificar-se alegando que só queriam se informar sobre supostos rumores de agitações estudantis em Munique. Uma desculpa fajuta e impertinente! Nenhum alemão decente se informa sobre um assunto desses pela rádio suíça Beromünster ou pela rádio Londres!

O Tribunal do Povo penalizou cada um deles com sete anos de reclusão com trabalhos forçados pelo crime grave de omissão de denúncia de alta traição (artigo 139 do Código Penal Alemão) e pela escuta de emissora estrangeira (artigo primeiro do decreto sobre medidas extraordinárias relativas à radiodifusão). Os dois pediram que não se destruíssem suas perspectivas profissionais. Mas deveriam ter pensado nisso antes!

Huber, Schmorell e Graf, como traidores do Povo que favoreceram o inimigo na guerra e corromperam nossa força militar, agiram perfidamente e lançaram ignomínia sobre a juventude alemã — especialmente a juventude de Langemarck. Por sua traição, perderam sua honra para sempre. Por sua falta de lealdade, Grimminger, Bollinger e Bauer também serão privados de sua honra pelo mesmo período de sua pena, conforme deliberado pelo Tribunal do Povo.

Do terceiro grupo de réus de hoje fazem parte moços tolos e moças tolas, que não ameaçam seriamente a segurança do Reich.

À frente estão os secundaristas e colegas de classe Hans Hirzel e Franz Müller. Hirzel conversava bastante com Hans Scholl quando este estava de férias em Ulm. Scholl, como o próprio Tribunal do Povo pôde perceber, exerceu sua influência altamente sugestiva, baseando-se exclusivamente na sua intelectualidade, ainda com maior facilidade sobre uma cabeça fraca e imatura como a de Hirzel. Scholl fez a cabeça de Hirzel com suas ideias. Aconselhou-o a continuar aperfeiçoando seus conhecimentos políticos para poder atuar como orador no sistema da democracia multipartidária federalista e individualista, idealizada por Scholl, no momento em que a Alemanha ruísse!!!...

Salta aos olhos do Tribunal do Povo que de *uma* classe

escolar três alunos (o terceiro é Heinrich Guter) estejam envolvidos neste caso e ainda outros tenham sido mencionados! Deve haver algo de errado na moral dessa classe, algo que este colegiado não pode imputar somente a esses dois garotos. É uma vergonha que haja tal classe em uma escola secundária humanista!! Mas não é função do Tribunal do Povo apurar em pormenores os motivos. [...]

Os réus condenados deverão arcar com as custas desta ação penal.

Os cofres públicos do Reich arcarão apenas com as custas especiais de Harnack, porque este foi absolvido.

Assinado por

Dr. Freisler

Stier

Relatos e testemunhos

Josef Söhngen

Livreiro em Munique, amigo de Hans Scholl, informado sobre as ações da Rosa Branca e colaborador em algumas ocasiões. Carta a Inge Scholl, final de 1945.

Antes de tentar traçar, nessas linhas, um panorama de minhas relações com o movimento de resistência estudantil, é preciso deixar claro que se trata de mera tentativa. Até agora, sempre tentei me manter tão neutro como eu havia sido, em comum acordo com o Sr. Scholl, na época da ação propriamente dita.

Conheci Hans Scholl por volta de 1940/41, na minha livraria, e percebi, em nossas várias e longas conversas, que ele era um jovem de raras qualidades, que se debatia intensamente com problemas religiosos como nunca mais vi ninguém fazer... Como nos dedicávamos predominantemente a questões filosófico-religiosas, mal falávamos sobre as questões políticas da época, sobretudo no início de nossa amizade. Não havia dúvidas de que partilhávamos das mesmas convicções e, sobretudo, da nossa postura contrária ao nacional-socialismo. Se me lembro bem, foi uma observação indignada que fiz contra o regime e, em especial, contra a Gestapo como instituição — que na época havia acabado de me interrogar novamente, pela enésima vez —, que levou H.

S. a deixar sua reserva e me fazer a seguinte proposta. O momento em que a proposta foi feita: logo antes de seu serviço no *front* durante o outono de 1942, para o qual já havia sido inventada a mórbida denominação *Frontbewährung*, "prova de coragem no front". Em suas duas cartas, que ainda guardo comigo, H. S. alude, de maneira velada, a possíveis novas conversas. Logo após seu retorno — devia ser começo de dezembro —, passou na livraria e marcamos uma conversa mais longa para o dia seguinte. Nessa conversa, H. S. me explicou seus planos, com todos os detalhes. Os fundamentos profundos de suas ideias, com base em sua perspectiva ampla e segura e em uma visão de mundo religiosa clara e sólida — ou seja, raciocínios totalmente livres de mesquinhez —, me levaram a lhe assegurar a minha colaboração e ajuda, imediata e incondicionalmente. Em ocasiões diversas, H. S. falou, entre outras coisas, que tinha contatos com muitas universidades, que em Württemberg, por exemplo, já haviam sido tomadas todas as providências para se formar um novo governo, caso se conseguisse derrubar o regime. Além disso, a tática de H. S. era a de não mencionar nenhum outro nome ou local, além dos que eram imprescindíveis. H. S. tinha um contato na Gestapo e, na hora certa, recebeu um alerta dessa pessoa. Nessa ocasião — isso se repetiu quatro vezes —, os mimeógrafos, e depois também as matrizes com as quais a inscrição "Abaixo Hitler" havia sido feita nas casas e ruas, foram escondidos no porão da minha livraria, sob os papéis descartados. Para que esse esconderijo fosse o mais seguro possível, combinamos que eu não participaria das diversas discussões e reuniões. Porém, H. S. me colocava a par de todos os acontecimentos e eu podia dar minha opinião.

Minha tarefa era estabelecer contatos com o exterior, tal como eu havia me disposto a fazer. Para tanto, surgiu uma excelente oportunidade através do professor de história da arte Giovanni Stepanow, que era confidente da princesa herdeira da Itália. No outono de 1942, o professor Stepanow, com quem, por vários anos, eu havia conversado abertamente sobre política, revelou-me que a princesa herdeira da Itália era uma das articuladoras do movimento antifascista italiano e pediu que eu transmitisse, da forma combinada, qualquer informação sobre grupos ou organizações que agissem ativamente contra o nacional-socialismo na Alemanha. Naquela época, tentei promover conferências sobre arte para possibilitar a entrada do Prof. St. na Alemanha. Como as instâncias do partido não autorizaram sua entrada, consegui que a empresa Bauer, de Munique, que promovia concertos e não fazia ideia das segundas intenções do evento, organizasse as conferências. Em dezembro, falei pela primeira vez sobre os planos de H. S. ao Prof. St., durante sua passagem pela Alemanha. Combinamos um primeiro encontro com H. S., que deveria ocorrer na viagem de retorno do professor de Berlim para a Suíça, onde ele pretendia falar com outras pessoas — se me lembro bem, tratava-se de um contato direto com a Inglaterra. Nos últimos dias de dezembro de 1942, St. retornou e, infelizmente, H. S. estava na casa de seus pais em Ulm. O visto só era válido até um determinado dia, então, o Prof. St. não pôde esperar. Eu havia combinado com o Prof. que, assim que o movimento tivesse tomado formas mais concretas, enviaria um telegrama convidando-o para novas conferências. No início de fevereiro, enviei o telegrama, com o consentimento de H. S., mas os trâmites para o visto tinham se prolongado, e o Prof. St. só pôde vir quando já era tarde demais.

Naquele tempo, como os negócios não iam bem, eu precisava viajar com muita frequência e, às vezes, inesperadamente. Além disso, as visitas do Prof. St. também eram imprevisíveis, por isso confiei ao doutor Fritz Seidel — que na época era ainda estudante de medicina — a tarefa de, durante minha ausência, informar o professor sobre os acontecimentos e, eventualmente, obter dele informações sobre novos

Relatos e testemunhos

141

fatos. Uma vez, Seidel até recebeu por mim os mimeógrafos e os guardou em meu porão.

Como urge enviar esta carta a seu destino, conforme o combinado, descreverei as reuniões com H. S. em outra carta — em especial, meu último encontro com ele na noite de terça-feira, dois dias antes de sua prisão. Esses encontros aconteciam sempre em meu apartamento, em geral muito tarde — usava-se sempre um codinome. Conforme combinamos, peço-lhe que me consulte antes de utilizar esta carta para qualquer fim.

Às minhas cordiais saudações, acrescento e reafirmo minha satisfação de tê-la conhecido pessoalmente.

[Continuação do relato:]

[...] As conversas realmente importantes aconteciam somente em nossas reuniões noturnas, quando estávamos sozinhos. Além das questões literárias, muitas vezes também eram as questões religiosas que inquietavam Hans Scholl que o traziam até mim. Nunca encontrei um jovem que se debatesse com essas questões de maneira tão intensa e tenaz. Hans era capaz de caminhar dois ou três dias pelas montanhas para tentar compreender o conceito da trindade divina e de vir me ver quase radiante, após ter resolvido totalmente a questão. Só muito depois, por volta de setembro de 1942, H. S. deu a entender que queria tratar comigo de questões importantes, mas ele quis adiar isso até seu retorno...

Assim que voltou da Rússia, Hans Scholl veio me visitar e, na segunda ou terceira noite, falamos pela primeira vez sobre suas atividades políticas e seus planos. Por causa de sua viagem a Ulm nos feriados de Natal e Ano-Novo e das muitas idas a Stuttgart em janeiro, que estavam todas relacionadas a essa ação política, nossas conversas não tiveram mais a tranquilidade do ano anterior. Pairava sobre elas um certo alvoroço e, frequentemente, ele me ligava tarde da noite para discutir sobre o rascunho de um panfleto ou sobre planos relacionados, por exemplo, a um governo planejado em Württemberg, que deveria tomar o poder depois da queda dos nazistas. Às vezes, também era só o homem, o jovem amigo, que vinha me ver para descansar da agitação com uma conversa sobre Kleist ou um problema religioso qualquer, ou também com um momento de silêncio, degustando uma taça de vinho. Uma vez ele chegou quase à meia noite e disse: "Queria ficar aqui uma meia hora, isso vai me devolver o equilíbrio". Eu ficava feliz por nos entendermos bem e acho que sempre conseguia acolhê-lo. O reconhecimento mais belo e, ao mesmo tempo, mais triste, que me levou às lágrimas, foram as palavras de despedida que dirigiu a mim por meio de sua mãe, poucos minutos antes de ser executado.

A tática de H. S. consistia em que o menor número possível de pessoas envolvidas nessa questão política se conhecesse. Somente as pessoas de um círculo muito restrito deveriam ter contato entre si, para que uma possível intervenção da Gestapo chegasse apenas a esse círculo. Até onde sei, Hans articulava todas as ações, mas só colocava as pessoas em contato quando a situação era urgente. Foi nessa época que fizemos a primeira tentativa de estabelecer uma ligação com a Itália e, se fosse possível, com outros países — mesmo na época da guerra, minha livraria era ponto de encontro de muitos estrangeiros. No começo de fevereiro, H. S. insistiu cada vez mais na ideia de estruturar o movimento numa base maior e de ampliar os contatos estrangeiros, já que, como havia dito, ele estava sendo pressionado pela Gestapo e não se sabia quando poderia ser preso. Para dar apoio mais efetivo a ele e a todo o movimento, havíamos combinado que eu não participaria de nenhuma reunião com os outros — Hans não mencionou nomes. Os mimeógrafos e as matrizes estariam relativamente seguros comigo, no caso de uma eventual revista no apartamento de Hans ou no Ateliê Eickemeyer — como já havia acontecido muitas vezes. Pelo mesmo mo-

Relatos e testemunhos

tivo, nunca cheguei a entrar no apartamento de Hans na rua Franz-Joseph-Straße 13 e só o busquei lá uma única vez, para irmos juntos à palestra de Theodor Haecker no Ateliê Eickemeyer. Em meu primeiro interrogatório, omiti minha participação nessa palestra porque eu havia permanecido lá apenas para a apresentação, que se estendeu por mais de três horas e, com um pretexto de trabalho, deixei o apartamento imediatamente após o professor Haecker. Esse era na verdade o nosso combinado, para que eu não participasse das discussões secretas de teor expressamente político. [...]

Cerca de dez dias antes de sua prisão, H. S. chamou-me por volta das onze da noite, sob um codinome, como sempre, perguntando se poderia buscar um livro encomendado de que ele precisaria com urgência para o dia seguinte. Poucos minutos depois, ele chegou com Alexander Schmorell e, pela última vez, trouxe, em malas de mão e mochilas, os mimeógrafos, as matrizes e os panfletos impressos. Fritz Seidel, o estudante de medicina envolvido no nosso movimento, ainda estava hospedado em minha casa e nós dois, sempre tomando o cuidado de não sermos observados, escondemos os objetos no porão, sob os papéis descartados de minha livraria, como eu já havia feito inúmeras vezes, sozinho. No dia seguinte, ao meio-dia, H. S. e A. Sch. buscaram todas as coisas novamente dizendo-me que no momento já não havia mais perigo, conforme informara seu homem de confiança. Na terça-feira, 16/2/1943, H. S. veio até a livraria de novo, bastante agitado, e me deixou ler o panfleto que acabara de ficar pronto. Eu achei necessário fazer algumas objeções ao texto, mas ele me disse que agora não queria e não podia mudar mais nada. Ele tinha a intenção de distribuir aqueles panfletos na universidade nos próximos dias, mas ainda não sabia ao certo como, e eu supliquei que jamais o fizesse da maneira como estava imaginando: deixar pilhas de panfletos em frente à porta de cada instituto, nas escadarias ou no guarda-

-volumes, pois, com isso, o risco de ser visto seria imenso. Também lhe pedi com insistência para não fazer nada seme-lhante, que o expusesse demais. Deveria haver um meio para que ele permanecesse anônimo, na medida do possível. Ele respondeu que tinha plena consciência de que a Gestapo o vigiava atentamente e, de acordo com o que soube de seu homem de confiança, seria preso nos próximos dias, então ele ainda precisava agir mais uma vez, antes que fosse neu-tralizado. No entanto, H. S. assegurou-me expressamente que não tomaria nenhuma atitude política que pudesse incriminá--lo na mesma medida que seus planos e propósitos anteriores, e que ele queria voltar a se dedicar integralmente a seus es-tudos e planos. O que aconteceu na quinta-feira, 18/2, já é sabido. Na quinta-feira, por volta das 14 horas, recebi um telefonema — era a voz inconfundível de Alexander Schmo-rell — avisando que Hans havia sumido de repente. Antes mesmo de saber algo pelo burburinho que logo se espalhou pela cidade, já tinha certeza de que ele fora preso. Por algu-mas horas, fiquei estarrecido ao saber que uma pessoa que estava em meu coração ia perder sua vida.

[...] Em 11/3/1943 fui preso pela primeira vez, e a pri-meira revista em minha casa não teve resultados. Depois de ter sido interrogado ao longo de dez horas por diferentes pessoas, fui liberado novamente. Antes, já havia entregue à senhora Henriette W., em Ambach, uma grande parte do material que poderia me incriminar e as cartas de Hans. Após o meu retorno, fiz mais uma limpeza com especial rigor na biblioteca e na escrivaninha, pois previa que isso seria apenas o começo. Como não soube de mais nada por algumas sema-nas, senti-me seguro o suficiente para tomar as primeiras notas; guardei na minha escrivaninha tais anotações e outras cartas bastante comprometedoras que eu havia recebido, relacionadas ao assunto. No dia 13/4, às 9 horas da manhã, recebi o telefonema me intimando a comparecer novamente à divisão da Gestapo na rua Briennerstraße, às 13h15, porque ainda teriam uma questão a ser esclarecida. Dr. Naumann e Furtwängler e outros haviam me colocado a par do conteúdo dos interrogatórios dos demais envolvidos e, como nunca perguntaram por mim nesses interrogatórios, achei que estava em relativa segurança; naquele momento, acreditei que poderia ser, de fato, somente uma pergunta informativa. Ainda consegui avisar Fritz Seidel, que veio à minha casa imediatamente. Combinamos de fazer as mesmas declarações, caso ele também fosse interrogado, e acertamos como ele avisaria minha mãe e cuidaria de outras questões profissionais e pessoais. [...] Foi extremamente difícil responder por horas a fio, de maneira precisa e rápida, sempre às mesmas perguntas com leves alterações. Quando me perguntaram no final do interrogatório se eu havia recebido um panfleto pelo correio, pela primeira vez, disse com total convicção: confessei ter recebido o panfleto e tê-lo destruído imediatamente, o que de fato aconteceu. Esse talvez tenha sido meu único erro — muitos juristas também confirmaram a minha opinião. Como a Gestapo sempre procurava, sem sucesso, um motivo para minha prisão, enfim encontrou aí um pretexto. Afinal, esses criminosos sempre acreditavam agir corretamente quando podiam se basear num artigo da lei.

A descrição daqueles interrogatórios intermináveis, o tratamento indigno durante o período vivido na prisão preventiva, as condições de higiene insuportáveis nem cabem no contexto desse relato. Para concluir, permito-me mencionar ainda que a audiência de nove horas de duração diante do Tribunal Especial Político, em 13/7/1943, só resultou num desfecho mais ou menos favorável para mim graças à compreensão benevolente do juiz relator Schwingenschlägl e à sua intenção evidente de não trazer à luz naquela audiência mais do que constava nos autos. Fui condenado a seis meses de prisão.

Traute Lafrenz

Estudante de medicina, ex-namorada de Hans Scholl, intermediou o contato com grupos de resistência de Hamburgo (posteriormente chamados de braço hanseático da Rosa Branca).

Foi Alexander Schmorell, que eu havia conhecido superficialmente no verão de 1939, quando ele estudava em Hamburgo, quem me apresentou Hans Scholl, em maio de 1941, em um concerto no teatro Odeon (tocaram os Concertos de Brandemburgo, de Bach). Nossa amizade floresceu rapidamente. O fato de Hans e eu partilharmos das mesmas opiniões políticas já serviu como uma boa base — naquela época, tínhamos uma espécie de intuição para perceber as convicções do interlocutor logo que ele começava a falar —, além disso, os interesses literários em comum, o gosto por caminhadas e concertos fizeram o laço de amizade se fortalecer.

No decorrer de 1942, formou-se um pequeno círculo de amigos. Entraram para o grupo Christoph Probst, Willi Graf e também Raimund Samüller e Hubert Furtwängler, embora não fossem tão próximos. Em maio de 1942, Sophie veio para Munique. À noite, fazíamos encontros de leitura e convidávamos pessoas mais experientes para se juntarem a nós (como Furtmeier, Radecky, Theodor Haecker e os professores Carl Muth e Kurt Huber). Os encontros não tinham uma pauta fixa e giravam em torno de literatura, com certo interesse por questões históricas. Na maioria das vezes, apenas ao final discutíamos um pouco a situação política — a ausência total de perspectivas e de alento, tudo à deriva, em direção à ruína. Além disso, eventualmente comentávamos notícias sobre a retirada das Forças Armadas nacional-socialistas. (Agora me dou conta de que nunca ou raramente discutimos o que nos tocava mais profundamente naquela época: a maneira como cada um de nós redescobriu o significado do cristianismo.) Hans, em especial, procurava pessoas com quem ele supunha compartilhar convicções políticas ou intelectuais. Assim, tínhamos a impressão de que existia uma rede vasta e abrangente de pessoas com as mesmas ideias — que, de fato, existiam, mas como indivíduos isolados; e como nos relacionávamos sempre com essas pessoas e não com os nossos numerosos opositores, ignorávamos a maioria, apostávamos na minoria e nos julgávamos fortes. No começo de junho de 1942, meu senhorio recebeu o primeiro panfleto da Rosa Branca pelo correio. Reconheci imediatamente, pelo texto, pela sintaxe e por passagens familiares de Goethe e Lao-Tsé, que o impresso só poderia ter sido escrito por um de "nós", porém ainda estava em dúvida se o autor não teria sido o próprio Hans.

Em um dos panfletos seguintes, reconheci por meio de uma citação do livro do profeta Salomão, que eu dera a Hans uma vez, que ele mesmo deveria ser o autor. Então, falei com Hans e ele respondeu que não era bom ficar perguntando, isso só colocaria o autor em perigo. O número dos diretamente envolvidos deveria permanecer muito, muito pequeno. Ele disse ainda que quanto menos eu soubesse, melhor seria para mim. E não se falou mais nisso. Assim, meu papel foi definido, e eu o aceitei. Zelei para que os panfletos continuassem a ser distribuídos...

Em julho de 1942, depois que os rapazes partiram para a Rússia como soldados da Companhia Estudantil, Sophie voltou para Munique. Devido à condenação do pai, contávamos com a possibilidade de a polícia fazer uma busca na casa de Hans e Sophie em Munique. Fomos ao quarto de Hans, na rua Lindwurmstraße, e ao de Sophie, na rua Mandlstraße, e destruímos tudo de comprometedor que encontramos pela frente.

Em novembro do mesmo ano, passei algumas semanas em Hamburgo. Lá conheci um grupo de estudantes que partilhava das convicções e pensamentos do grupo de Munique, ainda que sua inclinação fosse mais puramente intelectual e menos vital, menos voltada para a ação. Falei sobre os acontecimentos de Munique, entreguei-lhes dois panfletos e decidimos expandir a distribuição ao norte da Alemanha. Pouco antes de eu partir, o cabeça do grupo, Heinz Kucharski, me pediu que lhe enviasse outro panfleto da Rosa Branca. Prometi fazê-lo, mesmo contrariada, pois nós combinamos ter especial cautela para enviar os panfletos e jamais mandá-los de Munique para outra cidade. Mas como se tratava somente de um ou dois, concordei.

Em Munique, não foi fácil conseguir outros panfletos, pois já havíamos destruído tudo. Pedi para Karin Schüddekopf me devolver alguns dos que eu havia lhe dado. No começo de dezembro, ela me deu um panfleto da Rosa Branca em sua casa na rua Theresienstraße.

Durante o inverno de 1942/1943, a rotina do grupo permaneceu a mesma. Aos finais de semana, Willi Graf ia a Bonn e Frankfurt com uma frequência incomum; Christoph Probst estava em Innsbruck; o Alex, eu via raramente. Em dezembro, Hans me perguntou se eu não poderia arranjar um mimeógrafo para ele. Passei o Natal em Viena, onde um tio meu vendia máquinas de escrever por atacado. Meu tio protelou a questão até a próxima primavera. Na casa de minha tia (que tinha muitos conhecidos na universidade, pois o falecido marido fora professor em Viena), contei sobre os panfletos de Munique para um círculo de amigos próximos. E também lhes mostrei alguns.

De volta a Munique, nossos encontros ficaram mais raros. Hans tomava o cuidado de nunca receber muitos amigos

Relatos e testemunhos

em sua casa. Às vezes, eu ia comprar papel e envelopes com Sophie. Por isso, lembro-me bem de um dia em janeiro de 1943 (um dia bonito como na primavera), quando passeamos pela rua Ludwigstraße e aproveitamos o sol e o calor. Havia um cavalo e um coche na rua, o cavalo bufou. "Eia, rapaz!", disse Sophie, sorrindo, e lhe deu tapinhas no pescoço. E foi com a mesma simplicidade e o mesmo ar de felicidade que ela parou diante da papelaria mais próxima e pediu envelopes.

Na noite seguinte à derrota desastrosa em Stalingrado, eu, Sophie e Lisl tínhamos ingressos para o Residenztheater. A apresentação fora cancelada. "Por causa de Stalingrado", respondeu o porteiro às perguntas de Sophie — e foi também "por causa de Stalingrado" que ainda fizemos um pequeno passeio e nos despedimos. Teria sido nessa noite que Hans, Alex e Willi picharam a universidade e o monumento Feldherrnhalle com grandes letras brancas? O encontro com Hans na manhã seguinte também foi inesquecível. Fui à universidade e Hans veio ao meu encontro. Era outro dia quente e ensolarado. Nada, nenhuma piscadela, nenhum olhar o denunciava; a passos largos, levemente inclinado para a frente (ele tinha uma postura ruim naquele tempo), passou pelas pessoas que se cutucavam e apontavam para as pichações — do seu rosto tão atento escapava apenas um sorriso discreto e quase triunfante. Quando entramos na universidade e passamos por vários grupos de faxineiras que tentavam remover a pichação do muro com vassouras, escovas e baldes, o sorriso ficou mais evidente. E quando um estudante correu agitado em nossa direção e perguntou: "Vocês já viram?", Hans riu alto e disse: "Não, o que foi?". A partir daí, comecei a temer muito por ele. E também não foi um exagero, um gesto tão audacioso quanto o de jogar os panfletos do segundo andar poucas semanas depois? Isso era bem característico deles: grandiosidade, exuberância e um sorriso indefinido no momento de maior perigo.

Vi Hans e Sophie pela última vez em 18 de fevereiro. Eu e Willi Graf saímos dez minutos antes do final da aula do professor Huber para tentar chegar a tempo à clínica de psiquiatria. Perto da porta de vidro, Hans e Sophie vinham em nossa direção carregando uma mala. Estávamos com pressa, não falamos muito e marcamos um encontro para a tarde. No bonde, senti-me angustiada: o que os dois estão fazendo na universidade cinco minutos antes do final da aula? Willi dá de ombros, mas também está inquieto. Passamos duas horas angustiantes na aula de Bumke. Normalmente, Willi cochila nessa aula. Hoje ele está irrequieto. Finalmente deu uma hora da tarde. Willi vai para a caserna. Vou correndo para a universidade, corro, estudantes vêm ao meu encontro: "As portas estiveram fechadas até a uma hora" — "Panfletos" — "Prenderam dois" — e então encontrei o professor de francês transtornado, ele conhece Hans. "*Oui, oui*", eles o levaram, "*et une jeune fille, petite et noire*" — ele se referia aos cabelos lisos de Sophie. "*Comme une russe*", ele não a conhece.

Agora já não corro mais, já sei exatamente o que devo fazer.

Em 5 de março fui interrogada pela Gestapo pela primeira vez. A Gestapo só sabia que eu era amiga de Hans e possivelmente também conhecia outros integrantes do grupo. Constatei, surpresa, que eles já tinham os nomes dos professores Huber e Muth e de Theodor Haecker. Fui liberada com a recomendação categórica de não procurar nenhuma das pessoas cujos nomes foram citados ali com o intuito de alertá-las. Mesmo assim, consegui avisar o professor Huber. No entanto, ele já sabia que a Gestapo o vigiava.

Werner Scholl, de férias neste período, veio da Rússia para Munique. O restante da família fora detido em Ulm. Eu e Werner fomos juntos à rua Franz-Joseph-Straße, empacotamos os pertences de Hans e Sophie e enviamos tudo para

Relatos e testemunhos   151

Ulm. No meio das roupas de Sophie, encontramos, entre outras coisas, papéis enrolados com quase mil endereços retirados de listas telefônicas de Frankfurt, Viena e Munique e tinta para impressão. Conseguimos queimar os papéis sem que ninguém percebesse, no apartamento da senhora Wertheimer, na rua Lindwurmstraße. Depois fui a Ulm com Werner e fiquei lá até o fim das suas férias. Quando eu voltei a Munique em 14 de março, a Gestapo já havia procurado meu senhorio e, em 15 de março, às 7 horas da manhã, fui presa definitivamente.

[...] Não consegui negar por muito tempo que havia visto um panfleto, porém sustentei até o final — mesmo depois de três semanas de interrogatório sobre este único item — a versão de que só havia passado os olhos naquelas linhas e queimado o panfleto logo em seguida. [...]. Em 19 de abril, fui condenada a um ano de prisão, assim como Gisela Schertling e Karin Schüddekopf. A ata da audiência já foi amplamente divulgada. A audiência estendeu-se das nove horas da manhã até depois das onze horas da noite, com meia hora de intervalo para almoço. O trajeto do Palácio de Justiça até o presídio de Stadelheim também é inesquecível para mim. Foi como voltar de uma festa. A maioria havia passado semanas a fio na solitária, e eu me lembro que, apesar das três condenações à morte, conversávamos alto e animadamente, chegamos até mesmo a dar risada. O professor Huber mostrou fotos de seus filhos. Conversávamos para nos consolar com os 99 dias que cada condenado à morte ainda teria diante de si e durante os quais a Alemanha poderia perder a guerra. No entanto, foi horrível chegar à meia-noite ao pátio de Stadelheim: primeiro, saíram dos veículos os condenados à morte; depois, os homens e, por fim, nós. Cada um de nós sabia que não nos veríamos de novo tão cedo, talvez nunca mais [...] O senhor Grimminger, que lutou com a força de um leão para se livrar da pena de morte, mostrou-se um tanto decepcionado com todo o círculo de Munique. Hans teria descrito tudo de forma tão espetacular, como se todo um governo democrático novo, no qual ele já era praticamente ministro, já estivesse em preparação.

Não há nada a dizer sobre esse ano na prisão. Tédio, dias repetitivos, longas noites — nenhuma queixa era cabível diante do destino dos outros seis.

Em 21 de maio de 1943, uma comissão de três representantes da Universidade de Munique decidiu que eu seria punida com a proibição de estudar em qualquer escola superior da Alemanha. Acho que nem cheguei a dar de ombros quando recebi a notícia da decisão "unânime".

Em junho de 1943, fui transferida para um presídio juvenil em Rothenfels, no Lago Ammer.

Meu período de detenção deveria acabar em 14 de março de 1944. Três dias antes de minha soltura, a responsável pediu que me chamassem: o Tribunal do Povo havia me convocado para participar de uma audiência em Münster-Vestfália no dia 22 de março. Haviam perguntado em Berlim se eu deveria ser libertada antes da audiência. Se não chegasse nenhuma resposta até 14 de março, eles teriam que me soltar.

A resposta não chegou. Fui liberada, fiquei alguns dias em Munique, um dia em Ulm e depois parti para Hamburgo. À noite, quando cheguei em casa, minha mãe contou que haviam condenado o círculo estudantil de Hamburgo.

A partir desse momento, começou um tempo angustiante para mim. Totalmente inquietante. Voltei a Munique, pois julgava estar mais segura lá. Pouco depois, foi ordenada uma nova busca na casa dos meus pais. E, poucos dias depois, a Gestapo chegou a mim. O mesmo homem, o mesmo sorriso sarcástico: "Vamos, vamos, pegue suas coisas, você vai voltar para o xadrez". Três semanas na rua Ettstraße, sem interrogatório, sem que ninguém se desse conta de minha presença.

Relatos e testemunhos

Um dia, um homem estranho, com penetrantes olhos azuis-esverdeados, veio me buscar novamente. Ele perguntou se eu não queria dizer tudo de uma vez para amenizar minha situação. Naturalmente, eu não quis. A seguir, perguntou se eu entendia algo de tecnologia. Disse que, obviamente, tudo era para o meu bem. Perguntou ainda como eram Hans e Sophie como pessoas. Por fim, ele me instruiu sobre como eu deveria me portar em um interrogatório.

De volta à cela, aguardei pelo interrogatório. Ninguém veio. No dia seguinte, o mesmo oficial voltou. Trouxe-me pão com frios e perguntou de novo se eu ainda não queria dizer tudo de uma vez. E perguntava insistentemente sobre Hans e Sophie. Será que o interesse dele era mesmo pelas pessoas? Não era ignorante, era mais polido que os outros. Ele nunca disse quem era. Enfim, ele disse que valorizava muito qualquer decisão humana e que também poderia ajudar caso tivesse certeza de que não estava sendo enganado. Contou que uma vez interrogara uma estudante detida por alta traição na Bélgica. Ele estava convicto da inocência dela, quis ajudá-la, mas então se comprovou que ela não era inocente. Então, ele não perdeu a oportunidade de assistir à execução...

Poucos dias depois, três homens da SS me buscaram e me levaram até Hamburgo. Seria desnecessário descrever a diferença entre a Gestapo no sul e no norte da Alemanha. No norte, ela aplicava outros métodos.

Tão logo cheguei a Hamburgo, cansada e abatida por causa da viagem desgastante (especificamente devido ao burburinho das conversas idiotas e presunçosas dos homens da SS), fui conduzida até meu inquiridor, Reinhard. Mal cheguei à porta, ele perguntou, berrando, quando eu tinha ouvido emissoras estrangeiras pela última vez (eu não estava nem um pouco preparada para esse tipo de pergunta). Por meia hora ininterrupta, ele me acusou de crimes que eu realmente não havia cometido. Além disso, ele tinha um método próprio de tamborilar com os dedos nos olhos do inquirido. Eu não disse mais nada, fui considerada "omissa e mentirosa" e levada ao presídio da Gestapo de Fuhlsbüttel.

Os meses de maio a setembro de 1944 foram tenebrosos. Interrogatórios penosamente longos. Cada vez mais, cristalizava-se a seguinte constatação:

Estes estudantes de Hamburgo copiaram os panfletos e os distribuíram. Albert Suhr, estudante de medicina, foi o responsável pelas cópias. Além disso, eles coletaram dinheiro para a esposa do professor Huber...

Durante meses a fio, os responsáveis pelo meu caso levantavam vagas suspeitas a meu respeito, as quais eu desmentia integralmente... Eu tinha tempo, para mim era indiferente em que lugar eu estivesse presa...

No final de outubro de 1944, fomos levados ao Tribunal de Justiça. Em 11 de novembro de 1944, nossa causa foi transferida para o Tribunal do Povo em Berlim. Juntamente com as outras mulheres do grupo hanseático, fui levada para Cottbus, onde na época o Tribunal do Povo fazia as audiências, pois Berlim já havia sido destruída pelos bombardeios. Em janeiro de 1945, depois que o campo de trabalhos forçados em Cottbus recebera vários transportes vindos de Auschwitz, na medida em que as tropas russas avançavam, todos os prisioneiros foram enviados mais para o oeste, especificamente, para Leipzig.

Nós, de Hamburgo, fomos conduzidos a Bayreuth, onde, no futuro, supostamente, se reuniria a primeira Turma do Tribunal do Povo.

Começou então uma corrida extremamente exaustiva entre o avanço do exército americano e a data do julgamento. Desde o início de fevereiro, aguardávamos por um desses acontecimentos. Finalmente, em 15 de abril de 1945, os americanos venceram a corrida. Somente depois soubemos que o julgamento fora marcado para 17 de abril e efetivamente

Relatos e testemunhos

ocorreu — só que em Hamburgo, onde uma parte dos homens havia permanecido.

Nesse julgamento, Heinz Kucharski foi condenado à morte...

No caminho para a execução, que deveria acontecer em Anklam, ele conseguiu fugir, num trem, devido a um ataque aéreo rasante — dizem que ele estava algemado com um assassino que o arrastou consigo [...].

Bremen, 21 de fevereiro [de 1946?]

Lilo Fürst-Ramdohr

Amiga de Alexander Schmorell, intermediou o contato com Falk Harnack e ajudou na tentativa de fuga de Alexander Schmorell.

Conheci Alexander Schmorell no outono de 1941, no estúdio de desenho König, em Munique, e nos tornamos amigos. Procurávamos conscientemente compensar aqueles tempos destrutivos com o estudo de grandes obras da pintura e da escultura ou com a leitura de poemas; nossos preferidos eram os de Hesse e Rilke. Apresentei Alex a Bauer, que era professor e escultor e o aceitou como aluno particular. Desde o último ano de internato, Alex era amigo de Christoph Probst, que frequentemente nos observava desenhar, no outono de 1941. Enquanto Christl transmitia paz e serenidade, Alex sempre aparentava estar à espera ou em busca de algo.

No final do outono, o Dr. Arvid e Mildred Harnack, que estavam de passagem por Munique, vieram me visitar. Comentei sobre a visita com Alex e falei da minha relação de amizade com a família Harnack. Havia conhecido Falk Harnack numa excursão de escola a Weimar e nos tornamos amigos.

Alex sempre falava do seu grande círculo de amigos. Com o tempo, fui conhecendo Willi Graf, Angelika Probst e Hans e Sophie Scholl. Em minha casa, Alex recebeu grandes elogios de Hans Scholl quando mostrou a ele seus desenhos a carvão. Depois disso, Hans passou a nos visitar com frequência (primavera de 1942) para nos ver desenhar. Aquele quê de espontaneidade e desenvoltura, que definia o jeito tão

charmoso de Alex, faltava completamente a Hans. Sua seriedade me impressionou muito.

Em janeiro de 1942, Alex fez insinuações às quais não
dei muita importância. Segundo ele, era preciso passar de
uma resistência passiva para a ação. Lembro-me claramente
quando falou pela primeira vez do nascimento da Rosa Branca. Quando o nome do professor Huber foi mencionado, tive
a impressão de que sua autoridade contribuiu muito para dar
a Hans Scholl e Alexander Schmorell, os idealizadores, uma
confirmação de que suas ações estavam corretas. Eu era para
Alex como uma irmã mais velha, visto que ele era quatro
anos mais novo que eu. Ele me contava tudo o que o movia
e então também quis saber minha opinião.

"Alex, você sabe que isso terá sérias consequências", eu
disse. Ele parecia estar aflito e respondeu: "Mas agora não
há mais volta. Eu bem poderia dizer que isso é problema dos
alemães, mas não vou deixar Hans na mão. Ele é meu amigo". Apesar de seu pai ser alemão, Alex identificava-se mais
com o lado de sua mãe russa. Porém, Alex era um forte opositor tanto do bolchevismo como do nacional-socialismo.
Nunca tive a impressão de que seu principal interesse era a
política. Alex priorizava o amor a tudo que é belo e verdadeiro e a realização desse amor no mundo! O que agora determinava seu caminho era a profunda fidelidade ao amigo.
De súbito, uma perigosa corrente de ar tinha mudado tudo
ao nosso redor.

Na casa do professor Adam, na rua Prinzenstraße, onde
eu morava, havia apresentado Alex como meu primo. Por
isso, ninguém achava nada de mais que ele tivesse uma chave
do meu prédio e apartamento. No porão, havia um pequeno
depósito. Depois de um severo ataque aéreo, Alex deixou ali
o conteúdo de sua mochila carregada e falou que eu não deveria fazer nada com aquilo. Ele havia atravessado Munique

até o bairro de Nymphenburg carregando todo aquele peso, mas estava radiante.

Na primavera de 1942, no nosso tempo livre, íamos sempre ao zoológico para desenhar animais. Às vezes, me convidavam para comer na casa dos Schmorell, onde também conheci a antiga babá russa de Alex.

Naquela época, recebi muitas cartas de Falk Harnack, que frequentemente estava doente. No primeiro semestre de 1942, fui visitá-lo duas vezes em Chemnitz.

Se bem me recordo, foi em meados de maio de 1942 que Alex guardou um pacote fechado na minha casa e só voltou para buscá-lo dois dias depois. Ele também deixou caixas de papelão fechadas no meu depósito. Deve ter sido nessa época que Alex me pediu dinheiro, pois não queria pedir ao seu pai.

Em julho de 1942, os amigos foram convocados subitamente para o *front* oriental. Na véspera da partida, Alex veio se despedir rapidamente. Mais uma vez, eu o vi fardado.

Ele disse que à noite haveria uma festa de despedida na casa do professor Huber e que todos iriam. Disse que, quando todos estivessem novamente em Munique, a meta seria colocar em prática os planos de tentar tudo para derrubar o regime de Hitler! Alex disse com brilho nos olhos: "Vou voltar para a Rússia".

Logo depois, fui visitar Falk Harnack em Chemnitz. Ele parecia mais magro, quase doente, e estava muito pálido. A primeira coisa que ele disse foi que seu irmão Arvid Harnack e sua cunhada Mildred haviam sido presos em Berlim. Agora eu vislumbrava o perigo que meus amigos de Munique corriam. Quando Falk me levou até a estação de trem à noite, eu disse: "Que situação terrível, como Muhmi vai aguentar essa incerteza angustiante em relação a Arvid e Mildred...". "Sabe, Falk", continuei, "conheço uns estudantes lá de Mu-

Relatos e testemunhos

159

nique que distribuíram uma correspondência secreta, em diferentes cidades. Eles chamam essa iniciativa de A Rosa Branca e agora estão na Rússia." "Você tem certeza?", Falk perguntou incrédulo, mas bastante interessado.

Pouco antes da partida do meu trem da estação de Chemnitz, Falk me entregou uma caixinha e disse: "Cuide bem dela, não a perca. É para o noivado". A caixinha continha um anel-selo com o brasão da família Harnack. Falk Harnack havia combinado a entrega desse anel com seu irmão, Dr. Arvid Harnack, que nessa época se encontrava em prisão preventiva em Berlim.

Logo chegou a primeira carta que Alex enviou em 7/8/1942 de Gshatsk, cidade próxima a Moscou. Uma carta quase poética, em que ele exaltava a paisagem russa e suas bétulas brancas. Em outra carta, escreveu que ele e Hans Scholl enterraram à noite, em segredo, os crânios dos russos mortos em combate, a fim de que aquelas almas encontrassem paz.

Em novembro, após seu regresso da Rússia, Alex, Hans e Christl vieram à minha casa me visitar. Havia uma carta de Falk Harnack sobre a mesa. Eu estava na cozinha preparando chá; quando voltei para a sala, Hans confessou que tinha lido sem querer o remetente da carta que estava sobre a mesa. Pediu desculpas. Perguntou se era um parente do Dr. Arvid Harnack. "É o irmão de Arvid Harnack", expliquei. "Ele está desesperado por causa da prisão de Arvid e sua esposa Mildred." Hans Scholl olhou-me sério. "Fiquei sabendo", ele disse em voz baixa, "mas não sabia que ele tinha um irmão". "Prometi visitar Falk novamente, mas agora não posso, por causa da escola", eu disse. Espontaneamente, Hans me perguntou se ele poderia visitar Falk, em Chemnitz, no meu lugar, e continuou: "Você vem comigo, não vem, Alex?". Alex aceitou sem hesitar.

Essa viagem, da qual Alex voltou entusiasmado, trouxe muitas ideias novas. Sem dúvida, Alex deixou de lado suas reservas e seus últimos receios e decidiu aderir plenamente à iniciativa! Hans Scholl mostrou mais uma vez prudência e responsabilidade e estava mais inclinado a examinar com calma as novas propostas de Chemnitz. Ouvi-o dizer: "Isso não pode ir tão longe a ponto de arriscarmos nossas vidas".

A partir de novembro de 1942, voltei a guardar caixas de papelão com papéis e panfletos. Alex evitava falar muito sobre o assunto. Falk disse que viria a Munique, mas ainda sem saber a data. Por isso, guardei as cartas que poderiam justificar a visita planejada na primeira gaveta do armário. No pior dos casos, ele poderia dizer que tinha vindo visitar sua noiva. Após um telegrama seu, fui para Neckargemünd visitar Falk e sua mãe no final de dezembro de 1942. No dia 22/12/1942, Arvid Harnack fora executado no presídio de Berlim-Plötzensee. No dia 16/2/1943, sua esposa Mildred Harnack teve o mesmo destino trágico.

Em janeiro de 1943, só vi Alex brevemente, algumas vezes. Quando ele falou sobre as inscrições nos muros, o velho e bom sorriso se abriu em seu rosto e percebi então que o Alex de sempre ainda existia. Falk veio a Munique no início de fevereiro. No segundo dia, pediu-me para ir com ele à casa de Hans e Sophie Scholl na rua Franz-Joseph-Straße. Entramos na sala, que estava escura devido ao tempo nublado; ali havia uma grande mesa. Hans Scholl, Alexander Schmorell, Willi Graf e Sophie Scholl, que segurava um papel, me cumprimentaram com um aperto de mão. Seus rostos estavam marcados pela seriedade do risco a que estavam expostos. Saí logo, a pedido de Falk. Ele e Alex queriam me encontrar mais tarde.

Relatos e testemunhos

A caminho dessa reunião, Falk insinuou que as ações seriam reforçadas.

No dia 10/2/1943, se bem me lembro, Alex entrou ofegante pela porta. "Vai acontecer alguma coisa nos próximos dias". Pretendiam distribuir panfletos na universidade. "Christl Probst quer distribuir os panfletos só com Hans Scholl. Hans recusou terminantemente. Hans também me chamou, mas eu pedi um tempo para pensar. Sophie está insistindo em acompanhar o irmão para irem juntos à universidade." Alex tinha se oferecido para vigiar a rua na frente da universidade. Admirei a coragem de Sophie, que parecia ser tão sensível e ainda tão menina. Sem dúvida, ela protegia Christoph Probst arriscando sua própria vida. Alex falou novamente sobre o terrível massacre em Stalingrado. Trezentos mil soldados tiveram que dar suas vidas por uma causa vã.

No dia 11/2, Alex queimou seu uniforme em uma estufa no porão da minha senhoria. Maria, a empregada, que no dia seguinte encontrou os restos do uniforme nas cinzas, queria fazer a denúncia por intermédio do seu irmão que era da SA. Apenas com grande esforço Frau Adam conseguiu dissuadi-la. Alex falou sobre planos de fuga que me pareciam impossíveis. Ele disse que poderia se esconder em algum vão do lado de fora da locomotiva que ia para a Suíça. Também falou do campo de prisioneiros de guerra para soldados russos, para o qual sua amiga ucraniana havia prometido levá-lo. Ela o buscaria no dia 18/2/1943 em Munique. Alex parecia prever um desfecho ruim para o dia 18/2.

Entendi então que ele estava decidido a sair de Munique definitivamente — de um jeito ou de outro!

A pedido de Alex, fiquei em casa no dia 18/2/1943. Por volta do meio-dia, ele subiu a escada correndo e disse: "A Gestapo prendeu Hans e Sophie em frente à universidade. Eu vi tudo!". Pouco antes, ele havia se encontrado com Hans e Sophie no Siegestor, conforme combinado. "Quase não consegui chegar aqui. Não posso mais voltar para casa. A casa dos meus pais está cercada."

Ele soube disso através de um estudante que fora fazer uma consulta com o Dr. Schmorell, seu pai, alegando dor no joelho. Na verdade, era só um pretexto. Com essas palavras, o velho e bom sorriso se abriu. "A Gestapo trabalha rápido", disse. Alex pediu que eu telefonasse para seus pais. Tentei entrar em contato com os parentes de Alex no ateliê de Roters, o restaurador de livros de arte que morava no andar acima do meu.

Atendeu uma voz desconhecida. Desliguei imediatamente. Como precisava de uma alteração no passaporte de Alex tive que abrir o jogo para a senhora Roters. Pedi sua ajuda. Ela concordou imediatamente.

Alex me pediu então para ir com ele à praça Rotkreuzplatz. Combinamos que eu esperaria por ele em frente a uma pequena tabacaria. Eu deveria olhar para a vitrine. Foi tudo muito rápido. Ele me deu o passaporte que tinha acabado de receber de um iugoslavo e voltamos rapidamente para a minha casa. Isso aconteceu no dia 18/2, por volta das 14 horas. Em casa, ele me entregou uma foto para o passaporte. Alex ficou no meu apartamento. Fui falar com a senhora Roters, que também era restauradora. Seu marido havia sido convocado para a guerra. Falsificamos juntas o passaporte. A foto antiga do iugoslavo precisava ser descolada com cuidado e substituída pela foto de Alex. A senhora Roters retocou o carimbo com um pouquinho de tinta. Tive que prometer que, no caso de sermos pegos, eu assumiria toda a culpa, e só assim consegui acalmar Miele Roters, que tinha dois filhos pequenos. Com o passaporte, Alex poderia fugir com Willi Graf, como haviam combinado. A senhora Roters emprestou os utensílios de barbear e lhe dei uma blusa de lã e um cachecol. Em 19/2, entre 10 e 11 horas da manhã, ele iria se encontrar com Willi Graf na estação de trem de Starnberg. Eu

Relatos e testemunhos

esperei em frente à estação a uma pequena distância. Alex voltou muito rápido e disse que Willi não estava lá, que a Gestapo estava fazendo o controle de passaporte e que todos estavam sendo abordados. Voltamos para a Prinzenstraße. Teria sido nesse dia que Miele Roters me informou sobre os cartazes de busca policial? O fato de o plano de fuga ter falhado, pois a ucraniana que o ajudaria perdera o trem para Munique, foi o que deixou Alex mais inseguro.

Se Alex combinara uma nova data com ela, não sei. No dia 20/2/1943, por volta das 22 horas — era uma noite clara — acompanhei Alex por uma parte do caminho. Ele queria procurar Willi Graf. Voltou exausto por volta da meia-noite. "O caminho está bloqueado", disse. Nesta noite, o alarme antiaéreo tocou. Tive que deixar Alex sozinho no apartamento e fui para o abrigo antiaéreo. Quando o alerta passou, tomamos chá. Por volta das duas horas da manhã, sua paciência chegou ao fim. Disse que alguma coisa precisava acontecer e que fugiria sozinho se não encontrasse Willi Graf. Contávamos com a chegada da Gestapo a qualquer momento e agradecíamos por ela não aparecer. Desde 18/2, eu não podia mais fazer compras. Por isso, só pude oferecer poucas provisões para a viagem de Alex.

O céu estava claro e já amanhecia. Então nos despedimos pela última vez. "Se eu conseguir escapar, minha vida vai mudar muito; senão, ficarei feliz com a morte, pois sei que não é o fim." Trocamos um forte aperto de mão e Alex disse apenas: "Você é uma grande amiga".

Miele Roters, que me avisara sobre os cartazes de busca policial, trouxe também recortes de jornal com a descrição do procurado. O professor Bauer também me deu alguns. Alguns dias depois, ele me deu a terrível notícia de que Alex fora preso. Lembro-me claramente que ele — ao contrário do que outros afirmaram — disse que Alex estava em um abrigo antiaéreo nas proximidades da estação central, quando foi reconhecido e preso por dois soldados da artilharia antiaérea. Resolvi avisar Falk imediatamente e enviei-lhe um telegrama com a mensagem: "Amigos caíram no *front*". Recebi uma carta de Falk, datada de 25/2/1943, com um pedido de casamento. Entre 29/2 e 2/3/1943, fui procurada em minha casa por dois agentes da Gestapo. Encontraram a carta de Falk, que fora enviada de Chemnitz e poderia ser um álibi, e a fizeram sumir em meio a seus papéis. Um dos homens fechou a janela e disse de passagem que poderia demorar até que eu voltasse para casa, se é que eu voltaria. Fui levada para o Palácio de Wittelsbach. No dia da minha chegada, fui atormentada com interrogatórios ininterruptos. O principal interesse da Gestapo, também nos interrogatórios posteriores, estava na minha relação com a família Harnack. Perguntaram pouco sobre Alex e os outros amigos. Portanto, a Gestapo nada sabia sobre a minha verdadeira amizade com Alex. Talvez tenha sido em 8/3 que houve um interrogatório bem mais feroz na minha cela. Acusaram-me de ser o elo entre Scholl e Harnack. "Um sério agravante contra a senhora", observou o policial, acrescentando que eu deveria estar preparada para o pior. No fim de março ou começo de abril, houve um novo interrogatório. Mandaram-me assinar um documento com o seguinte teor: "Asseguro, por meio desta, que não revelarei nada do que vi e ouvi aqui. Caso eu não obedeça a esta proibição, a polícia secreta do Estado se verá obrigada a me prender novamente". Assinei aquela porcaria de papel, devolveram os meus pertences e até mesmo a carta de Falk, e fui solta. Em uma carta, Falk Harnack repetiu as últimas palavras que Alexander Schmorell havia destinado a mim do presídio de Stadelheim em Munique, em 19 de abril de 1943. Eram: "Mande um abraço de todo coração para Lilo; tenho pensado muito nela". Falk Harnack ainda escreveu: "Prometi que daria o recado e que jamais iríamos esquecê-lo!".

Relatos e testemunhos

Dr. Falk Harnack

Irmão caçula de Arvid Harnack, que foi executado em 22/12/1942 no presídio de Berlim-Plötzensee, bem como mais tarde sua cunhada Mildred Harnack e Harro Schulze-Boysen.

O primeiro encontro
No outono de 1942, Hans Scholl e Alexander Schmorell, os idealizadores do movimento de resistência estudantil na Universidade de Munique, ouviram falar que o grupo de resistência Harnack/Schulze-Boysen (chamado pelo Escritório Central de Segurança do Reich de "Orquestra Vermelha") havia sido preso. Eles ficaram sabendo de mim naquele contexto e também por causa da minha atividade ilegal anterior em Munique (primeira distribuição de panfletos contra a Liga Nacional-Socialista de Estudantes, realizada em maio de 1934 por Gunter Groll, Falk Harnack, Georg Philipp e Lambert Schomerus — todos estudantes de ciências humanas). O contato havia sido intermediado pela pintora Lilo Ramdohr, que vivia em Munique e era muito amiga minha e de Alexander Schmorell. Então, no início de novembro, Hans Scholl e Alexander Schmorell me procuraram em Chemnitz, onde eu era soldado. Acomodei os dois em um pequeno hotel, o Sächsischer Hof, onde meu irmão, o Dr. Arvid Harnack, e sua esposa, Dra. Mildred Harnack, também se hospedavam quando vinham me visitar. Por volta das 14 horas (era um sábado), tivemos a primeira conversa fundamental. Contrariando as convenções usuais da clandestinidade, falamos muito abertamente desde o início, pois cada um de nós

sabia muito bem quem era seu interlocutor. Como base para a discussão, eles apresentaram os panfletos produzidos até aquele momento. Discutimos minuciosamente as duas formas dos panfletos: os textos filosoficamente ornamentados da Rosa Branca e os que estavam sendo elaborados naquele momento, realistas e com um posicionamento político claro. Eu disse que preferia a última forma. Os dois ficaram satisfeitos com a minha aprovação.

Alexander Schmorell, um rapaz alto, bonito e de imaginação fértil, alemão e russo de nascença, narrou em linhas gerais as atividades do grupo estudantil de Munique até então; relatou especialmente as diferentes ações de distribuição de panfletos. Scholl, um alemão do sul, de cabelos escuros e mais enérgico, mudou o rumo da conversa para questões políticas fundamentais. Ele queria, antes de tudo, estabelecer contato com uma central estratégica do movimento de resistência em Berlim e, assim, conseguir uma base mais ampla para o grupo de resistência estudantil. Seu objetivo era fundar células estudantis ilegais em todas as universidades alemãs que deveriam realizar ações panfletárias repentinas e articuladas. Prometi intermediar o contato com Berlim, já que o principal objetivo daquele momento era constituir uma frente antifascista ampla, seja na ala esquerdista (comunista), no grupo liberal ou na oposição militar conservadora. Os dois concordaram que eu conduzisse, em seu lugar, as primeiras negociações em Berlim. A conversa fundamental em que falamos de política revelou que, na atividade ilegal realizada até então, Scholl e Schmorell foram movidos por uma postura ética pessoal e idealista, mas que agora estavam em busca de uma orientação política mais concreta. Se em Scholl essa orientação vinha mais do viés católico-filosófico (influência de Carl Muth e Theodor Haecker), em Schmorell prevaleciam fortes tendências socialistas. Mas ambos nutriam forte simpatia pelas terras e pessoas do Leste (Polônia e União Sovié-

Relatos e testemunhos

tica), que haviam conhecido nas vezes em que estiveram no *front*. Da mesma forma, ambos estavam profundamente convencidos de que um acordo entre a Alemanha e a União Soviética era necessário e teria uma importância decisiva para o futuro da Alemanha. Além disso, Hans Scholl, um jovem político e apaixonado, disse que pretendia abandonar o curso de medicina para se dedicar exclusivamente à política.

A reunião em Munique

No final de 1942, estive várias vezes em Berlim para ajudar meu irmão, minha cunhada e os amigos que estavam presos no Escritório Central de Segurança do Reich. Numa das visitas ao Escritório, obtive autorização de ver meu irmão, que secretamente me encarregou de entrar imediatamente em contato com o grupo de resistência hoje denominado "20 de Julho", devido ao atentado cometido contra Hitler neste dia. No mesmo dia, procurei dois primos meus, o pastor Dietrich Bonhoeffer, uma das lideranças da Igreja Confessional, e o advogado Klaus Bonhoeffer, representante legal da Lufthansa, e lhes falei sobre o plano de salvar o grupo de resistência Harnack/Schulze-Boysen, sobre o grupo de estudantes de Munique e, por fim, sobre uma união de todos os movimentos de resistência alemães. Os irmãos Bonhoeffer, que faziam parte da resistência liberal, ressaltaram que o grupo de Harnack/Schulze-Boysen precisava ser salvo a qualquer custo e que eles e seus amigos fariam de tudo para isso. Também disseram que agradeceriam muito se eu intermediasse o contato com os estudantes de Munique. (Eles também disseram ser muito provável que, em pouco tempo, os militares oposicionistas presentes nas Forças Armadas nacional-socialistas da Alemanha entrassem em ação.)

A decisão de Hitler antecipou-se tragicamente a essa determinação quando, em 22 de dezembro de 1942, os primeiros onze militantes principais do grupo de resistência

Harnack/Schulze-Boysen (dentre eles, o meu irmão) foram executados na forca, no presídio de Berlim-Plötzensee.

Apesar do choque terrível — ou justamente por causa dele — as ações da resistência alemã se intensificaram bastante nos meses seguintes.

Em 8 de fevereiro de 1943, fui a Munique e me encontrei com Alex (Schmorell) na casa de Hans e Sophie Scholl, na rua Franz-Joseph-Straße (casa dos fundos). Ele falou sobre a atividade ilegal com muita franqueza. Seu rosto se iluminava quando relatava o grande sucesso da distribuição dos panfletos e a repercussão das pichações com a palavra "liberdade" nos muros da universidade e de outros edifícios. [...]

Hans Scholl, que se juntou a nós cerca de meia hora depois, disse estar plenamente convicto de que essas ações mobilizavam as forças contrárias à ditadura nazista. Seria preciso acender um facho que conduzisse todas as forças de resistência existentes no povo alemão de forma solta e desorganizada a se unirem e partirem espontaneamente para a ação. Retruquei que para a atividade ilegal era urgente constituir uma organização totalmente confiável, amplamente ramificada e muito segura, pois essa batalha ilegal só teria sucesso se amplos setores da população realmente participassem.

No dia seguinte, às 17 horas, começou a reunião. Além de mim, participaram dela o professor Huber, Alexander Schmorell, Willi Graf, Hans Scholl e sua namorada.

Relatei brevemente que Berlim tinha concordado em estabelecer uma ampla frente antifascista para além dos limites partidários. Ainda assim, era necessário coordenar os objetivos políticos, mesmo que em moldes bem abrangentes. Foram discutidas, sobretudo, questões referentes a uma futura Alemanha. Era consenso que seria necessário perseguir e punir com severidade todos os ativistas nazistas, proibir de votar todos os membros do partido nacional-socialista —

desde que não fossem militantes da resistência disfarçados — e, em terceiro lugar, admitir no máximo três partidos (um marxista, um liberal e um cristão). Na discussão também houve unanimidade quanto à organização futura do Império Alemão. Todos eram a favor do estabelecimento de um poder central, com exceção do professor Huber, que citou o federalismo liberal da Suíça como um exemplo brilhante. No âmbito econômico, a economia planificada era o único caminho vislumbrado para salvar a Alemanha de uma catástrofe econômica. Scholl e Huber se posicionaram contra a economia planificada socialista. As reservas de Scholl se dirigiam apenas ao setor agrário, enquanto Huber rejeitava por princípio qualquer forma de economia planificada e via como única possibilidade o sistema econômico liberal da Inglaterra.

As questões de política externa discutidas na reunião abordavam problemas delicados. Enquanto o movimento de resistência conservador tinha orientação quase que exclusiva para o lado ocidental (com exceção da linha de Trott zu Solz, Haushofer, Reichwein e Stauffenberg, entre outros) e, por esse motivo, mantinha contato e ligação permanentes com Londres, o movimento de resistência de Harnack/Schulze-Boysen, por ser socialista, tinha um interesse fundamental na amizade com a União Soviética, desde que a soberania alemã fosse totalmente preservada. Se até esse ponto da discussão ainda havia sido possível chegar a um acordo, tudo mudou quando o professor Huber se declarou contrário a uma amizade com a União Soviética e disse considerar apenas o individualismo liberal como modo de vida adequado para a Alemanha. Nesse ponto, Scholl e Schmorell intervieram. Principalmente Schmorell declarou que, do ponto de vista político, era uma tremenda falta de visão limitar-se ao ocidente. Disse que, apesar de não ser comunista, acreditava que a União Soviética havia encontrado uma nova forma social e econômica que, sem dúvida, geraria os impulsos políticos mais fortes no futuro. Pode-se dizer que a nova geração, mesmo nascida em berço cristão, estava pronta para lidar de forma positiva com o tema da relação com a União Soviética e com o socialismo, enquanto a geração mais velha sempre deseja voltar ao sistema liberal.

O assunto da segunda parte da reunião foi o trabalho minucioso e concreto contra o nacional-socialismo. Ficou decidido que passaríamos por cima de todas as divergências para nos dedicarmos única e exclusivamente à luta conjunta contra Hitler e seu sistema.

Três ideias deveriam ser propagadas:

1) A guerra está perdida para a Alemanha;

2) Hitler e sua corja só estão dando continuidade à guerra para garantir a própria segurança e estão dispostos a sacrificar o povo alemão para alcançar esse objetivo;

3) Todas as forças oposicionistas devem ser mobilizadas para pôr fim à guerra o quanto antes.

Eu, Scholl e Schmorell ainda tivemos uma conversa curta depois da reunião. Scholl contou que estava planejando uma nova ação na universidade em breve e que pretendia ir a Berlim logo depois disso para falar pessoalmente com a organização berlinense. Combinamos de nos encontrar em 25 de fevereiro de 1943, às 18 horas (ou, caso houvesse qualquer problema, às 19 horas), ao lado da igreja Gedächtniskirche.

Poucos dias depois, fui embora de Munique e voltei para Berlim, passando por Heidelberg. Às 16 horas do dia 25 de fevereiro estive com os irmãos Bonhoeffer, informei-os sobre a decisão tomada em Munique e combinei que iria com Scholl à casa deles ainda naquela noite.

Às 18 horas esperei por Scholl em vão diante da igreja. Voltei às 19 horas, de novo sem sucesso. Hoje sei que àquela altura Hans Scholl já havia sido executado.

Relatos e testemunhos

A investigação preliminar contra Alexander Schmorell e outros dez réus

Em 27 de fevereiro, de volta ao meu batalhão em Chemnitz, recebi um telegrama da Lilo com a mensagem: "Amigos caíram no *front*". Os dias seguintes me causaram um grande estresse emocional, pois em 16 de fevereiro minha cunhada, Dra. Mildred Harnack, também havia sido executada, por ser militante da resistência, no presídio de Berlim-Plötzensee.

Seguiu-se um período de espera ansiosa.

Sábado, dia 6 de março, por volta das 14 horas, o chefe da companhia mandou me chamar. Somente quando dois guardas do batalhão entraram na sala engatilhando as armas, ele declarou: "Por ordem do alto comando do exército o senhor está temporariamente detido. O motivo, o senhor deve saber melhor do que eu. Qualquer tentativa de fuga será impedida a tiros na mesma hora. O senhor não está autorizado a avisar ninguém". Na mesma noite, fui conduzido sob escolta ao trem expresso para Munique e na manhã seguinte me confinaram na central da Gestapo (Palácio de Wittelsbach), na rua Brienner Straße. Logo começou o primeiro interrogatório. A estratégia refinada do interrogatório consistia em não fazer acusações precisas contra mim, mas sim em me deixar sempre na dúvida. A situação era mais do que delicada, porque eu havia intercedido em favor do movimento de resistência Harnack/Schulze-Boysen — contra o qual foram proferidas uma sentença sangrenta após a outra em Berlim — e, além disso, mantinha contato com o grupo que idealizou o atentado contra Hitler em 20 de julho. Os interrogatórios intermináveis estenderam-se por dias a fio e eram conduzidos por vários oficiais da Gestapo ao mesmo tempo.

Durante todo o tempo (no presídio da Gestapo), não estive nenhuma vez ao ar livre. Passei dias e noites dentro da cela iluminada por uma lâmpada elétrica de luz clara e ofuscante. Permaneci trancado em minha cela até mesmo durante os bombardeios a Munique.

Uma vez vi Alexander Schmorell. Cruzei com ele quando estavam me levando para um interrogatório (ala das celas). Ainda hoje consigo ver sua bela e alta figura, de rosto muito corado e olhos ardentes. Cumprimentamo-nos em silêncio.

Foi durante o tempo na prisão que fiquei sabendo do assassinato dos três primeiros membros da resistência de Munique.

Semanas mais tarde — quando os interrogatórios haviam sido encerrados —, fomos distribuídos pelos centros de detenção provisória de Munique. Assim, Schmorell, o professor Huber e muitos outros foram para o presídio de Neudeck. Willi Graf e eu ficamos — claro que rigorosamente separados um do outro — no centro de detenção provisória Cornelius. Então o processo passou da Gestapo às mãos da Justiça; as engrenagens do Tribunal do Povo começaram a se mover. Seguiram-se dias e noites de suplício provocado pela incerteza sobre a data e o desfecho do julgamento.

Na época, cerca de 80% dos detentos daquela cadeia eram presos políticos de todas as linhas. Havia se formado ali uma comunidade sólida. Todos sabiam de uma coisa: não importava a extensão da pena, um mês ou dez anos. O importante era continuar vivo, pois não era possível que aquela guerra insana ainda durasse muito tempo.

Como a causa seria julgada pelo Tribunal do Povo, onde as leis do código penal não valiam nada e quem decidia era a arbitrariedade, todos nos preparávamos interiormente para a pena capital. Superamos lentamente o medo da morte. Apenas uma sensação nos torturava: a de não ter feito o suficiente contra aquele sistema criminoso. Tínhamos a impressão de entregar nossa vida de forma barata.

Relatos e testemunhos

173

Mas, nesse meio-tempo, o maquinário da Justiça trabalhava a todo vapor. Com exceção do professor Huber e de Alexander Schmorell, que contrataram advogados de defesa privados, todos recebemos defensores públicos. (O advogado que minha mãe e o conselheiro de Estado e professor Arnold Sommerfeld conseguiram para mim — Dr. Alexander Bayer, de Munique — foi recusado, sem justificativas, pelo juiz Freisler.) Lembro-me claramente da primeira e única conversa que tive com Klein, o defensor público, cujo escritório ficava em Munique, na rua Ludwigstraße, nº 17; entre outras coisas, respondeu da seguinte forma à minha pergunta sobre como deveria me portar diante do Tribunal do Povo: "Isso não faz a menor diferença. Diga-me nomes de personalidades influentes que possam entrar com um pedido de clemência".

Em 16 de abril de 1943, chegou a denúncia, que me acusava de alta traição, traição contra a pátria, corrupção do poderio militar, criação de organizações ilegais etc.

O processo contra Schmorell e outros dez réus

Em 19 de abril de 1943, às 5 horas da manhã, me acordaram, fizeram minha barba e me levaram até a assim chamada cela de recepção. Alguns minutos depois, Willi Graf se juntou a mim. Ambos fomos conduzidos ao pátio do presídio. Lá estava estacionado um camburão verde. A porta se abriu e avistamos o professor Huber, Alexander Schmorell e os outros réus, dentre os quais estavam os irmãos Hans e Susanne Hirzel, Eugen Grimminger, Heinz Bollinger, Franz Müller, Heinrich Guter e Helmut Bauer. Entramos no carro e começou a jornada através de Munique em direção ao Palácio de Justiça. O clima era sério e pesado, mas mesmo assim imperava entre todos nós uma profunda harmonia. Uma vez ou outra, através de uma pequena fresta, era possível entrever recortes da paisagem urbana de Munique. Fazia um dia radiante lá fora. Eu disse baixinho ao professor Huber: "A bela

Munique...", e nesse momento estava pensando no pavoroso contraste entre essa cidade do sul, famosa por suas pontes, essa bela cidade das artes, e o terror nazista, sangrento e brutal. Huber entendeu, olhou para mim e disse: "Deus castiga a quem ele ama".

No pátio do Palácio de Justiça, fomos recepcionados por um cordão policial. Fomos algemados e subimos, pela primeira vez, juntos, para a grande cela de espera. Calados, examinamos aquelas paredes que guardavam testemunhos trágicos de pessoas condenadas à morte. Muitas confissões apaixonadas de quem acreditava na liberdade, no Estado socialista. Muitas opiniões contra o nacional-socialismo estavam escritas ali, em letra bonita ou menos caprichada, quase ilegível. Pudemos trocar apenas algumas palavras soltas, pois éramos severamente vigiados. Schmorell estava calado, já sem nenhuma esperança. Willi Graf, geralmente quieto, parecia desembaraçado, com um ar quase pueril. Dizia baixinho: "Ah, dez anos...".

Então o portão se abriu e, algemados, fomos conduzidos pelo longo corredor até a sala do tribunal. À direita e à esquerda havia muitas pessoas espremidas no corredor. Muitos estudantes da Universidade de Munique, trabalhadores, soldados. Passamos por eles. Não nos dirigiram nenhum xingamento, somente olhares repletos de uma profunda simpatia e de plena compaixão. O primeiro a entrar na sala foi Schmorell, seguido pelo professor Huber e depois por nós. Vi minha mãe parada ao lado da porta. Mesmo algemado, pude apertar sua mão e dizer a ela, que já tivera o filho mais velho e a nora assassinados de forma tão cruel: "Penso em todos vocês".

Na sala do tribunal, colocaram um policial ao lado de cada um de nós. A audiência era pública, mas isso significava que apenas agentes da Gestapo, oficiais de alta patente e funcionários do partido podiam assistir. Na sala, havia dois generais importantes com seus estados-maiores, o prefeito de Munique, Fiehler, o chefe de distrito interino etc. Sua postura era totalmente oposta à das pessoas que estavam do lado de fora, no corredor. O que aqueles marrons, os figurões do partido, mais queriam era saltar de onde estavam e nos dar uma surra coletiva. Pouco depois, a porta atrás da mesa do tribunal se abriu e seus integrantes entraram. Na ponta, vestindo uma toga vermelho-sangue bordada em ouro, Freisler. Seguiram-se a ele: o Diretor do Tribunal Regional Stier, o Tenente-General da SS Breithaupt, o Tenente-General da SA e Secretário de Estado Köglmaier. O promotor de justiça Bischoff tomou lugar a sua mesa — mais tarde foi substituído por Lauds, procurador-geral do Reich junto ao Tribunal do Povo. Freisler leu em voz alta e num tom malicioso-patético cada um dos tópicos da acusação. Quando leu o teor dos panfletos, uma agitação hostil tomou conta da sala e assumiu formas ameaçadoras. Logo depois da leitura, o advogado do professor Huber saltou de seu lugar, aprumou-se, saudou com "Heil Hitler" e declarou com cerimônia: "Senhor presidente! Suprema Corte! Só agora tomei conhecimento do teor dos panfletos, e na condição de alemão e guardião da Justiça do Reich alemão, me vejo impossibilitado de defender um crime tão monstruoso. Peço à Suprema Corte que me desobrigue de realizar essa defesa e considere os motivos por mim mencionados". Fez-se um silêncio maldoso na sala. Com um sorriso irônico, largo e lambuzado, Freisler respondeu: "Sua postura é impecável. Compreendemos totalmente sua posição e o dispensamos das suas obrigações de defensor". O "guardião da Justiça" do Reich nazista abandonou a sala com um "Heil Hitler" enérgico. (Advogado Dr. Deppisch, Munique, Rua Leopoldstraße, n° 56.)

O professor Huber, que estava sentado ao meu lado, ficou profundamente abalado. Mas ele ainda enfrentaria outra decepção. Havia convocado como testemunha de defesa seu colega Alexander von Müller, conselheiro de Estado e historiador de Munique. Müller enviara um recado se desculpando e alegando estar fora de Munique a trabalho.

Alexander Schmorell foi o primeiro a ser chamado pelo tribunal. Freisler bombardeou o jovem estudante com uma retórica bestial. Era um xingamento atrás do outro — aos berros e com tanta raiva que Schmorell sequer conseguia abrir a boca. Toda vez que ele esboçava alguma tentativa de esclarecer, de defender suas ações, Freisler o interrompia aos guinchos. Depois de descarregar toda sua raiva, Freisler perguntou: "O que foi que o senhor fez no *front*?". Schmorell respondeu: "Cuidei dos feridos, como é meu dever enquanto futuro médico". Freisler: "Sim, e quando os russos se aproximaram, o senhor não atirou neles?" — "Não atiro em russos, assim como não atiro em alemães!". Uma enxurrada de xingamentos lançou-se contra Schmorell: "Vejam só esse traidor! Ainda diz que quer ser um sargento alemão! Apunhalando a pátria pelas costas!". Mais tarde Schmorell explicou que, quando recruta, havia informado ao seu superior que não estava disposto a fazer o juramento ao Führer, pois era tanto russo quanto alemão. Freisler não deu importância alguma a essa objeção.

Freisler dominava perfeitamente a técnica de conduzir a audiência e o caso a ser julgado, de forma que cada um de nós precisou se esforçar muito para acompanhar seu ritmo frenético. A vaidade e o sadismo de Freisler transformavam o tribunal em um mero palanque da propaganda nazista: ele sempre voltava a encaixar, aos berros, chavões políticos.

O professor Huber, chamado em seguida, foi informado por Freisler com um sorriso malicioso que a universidade havia tomado seu posto de professor universitário e cassado seu título de doutor porque ele seria um corruptor da juventude alemã. Quando o professor Huber respondeu que suas aulas estavam sempre lotadas e que, enquanto professor universitário e filósofo, se vira na obrigação de ajudar os jovens a lidarem com seus conflitos internos, Freisler declarou, com um sorriso cínico: "Quer dizer então que o senhor se considera um novo Fichte?".

O professor Huber, que sofria de um leve defeito congênito na fala, mantinha-se firme e tentava usar a voz para lutar contra essa maré de imundícies. Todo seu corpo tremia — não de medo, mas sim pela profunda tensão e indignação diante dessas condições humilhantes.

O terceiro foi Willi Graf — quieto e sereno. Freisler moderou um pouco o tom de voz e disse: "O senhor pregou umas boas mentiras à Gestapo e por um triz teria escapado. Mas...", e agora com um riso quase forçado, como se tivesse vencido um jogo: "... somos bem mais espertos que o senhor!".

O julgamento dos outros réus corria na base da autodefesa, pois eles tinham a esperança de saírem vivos dali. Para todos os ilegais, era uma lei não escrita apelar para todos os recursos — desde que não incriminassem um companheiro — para escapar das garras da Gestapo e da Justiça e, assim, poder dar continuidade à resistência.

O julgamento dos irmãos Hirzel foi impressionante. Eles ainda eram crianças muito puras, filhos de um pastor luterano. Sobretudo o jovem Hirzel caía sem pestanejar em todas as arapucas que Freisler lhe preparava. Mas ainda mais impressionante foi a coragem com que ele havia exercido aquela atividade ilegal.

Quando fui chamado pelo tribunal e leram os meus dados, Freisler mencionou com escárnio a execução recente do meu irmão e de minha cunhada. Nesse momento, uma onda de agitação se espalhou pela sala. Precisei me segurar para não explodir, para não cair no jogo evidente do juiz. Fui acusado, dentre outras coisas, de tecer comentários derrotistas ao dizer que a guerra estava perdida para a Alemanha.

Retruquei que meu comentário havia sido: "Temo que a Alemanha perca a guerra e por isso acho necessário refletir a tempo sobre os problemas daí resultantes. A propaganda nacional-socialista diz: depois do colapso vem o caos. Considero essa linha de propaganda extremamente perigosa porque..." — e elevando o tom de voz — "a Alemanha não pode sucumbir". Com essa viravolta, de repente me catapultei ao patamar nacional. Freisler, percebendo claramente que o haviam desarmado, interrompeu sua fala por um instante e não sabia muito bem por onde recomeçar, principalmente porque foi nesse exato momento que lhe apresentei uma certidão de boa conduta, redigida por um general conhecido meu, que foi lida em voz alta. Com essa tática enervante, aos poucos consegui levar Freisler a conduzir o julgamento de uma forma que eu pudesse expor meus argumentos. Quando Freisler perguntou por que eu não havia denunciado a ação, aleguei a doença que adquiri na guerra — problemas nos nervos — e as grandes perdas que nossa família havia enfrentado e disse: "Uma máquina sem coração talvez seja capaz disso, mas não um ser humano. O que o senhor espera é —", aí Freisler me interrompeu e completou "sobre-humano". "Não", respondi, "é quase demais para um ser humano".

A sessão foi interrompida brevemente. Aconteceu algo que é comum às práticas do Tribunal do Povo: trouxeram para a sala quatro novas acusadas, jovens universitárias, também conduzidas ao banco dos réus. Os protocolos foram entregues a Freisler, que disse: "Essas quatro rés também precisam ser incluídas neste processo. Senhores advogados, dividam esses quatro casos. No intervalo, os senhores terão oportunidade de ver brevemente os autos".

Isso quer dizer, nada mais e nada menos, que as quatro rés:

a) não puderam ler a denúncia;

b) não conversaram nem acertaram nada com seus de-

Relatos e testemunhos

fensores antes do julgamento, o que seria de praxe no mundo inteiro.

O julgamento durou catorze horas, numa tensão nervosa sem igual. A língua grudava na boca seca, a tensão era quase insuportável. Na hora do almoço houve uma pausa. Os senhores do Tribunal do Povo foram almoçar. Nós ficamos na sala e, somente devido à generosidade de um agente policial, recebemos um "refresco": um litro de água para ser dividido entre todos nós.

Por volta das 9 horas da noite, o procurador-geral do Reich começou com a formulação dos pedidos. Exigiu a pena de morte para Schmorell, professor Huber, Graf e Grimminger. Com cautela, os advogados tentavam algum esboço de defesa, que na verdade não passava de uma reverência submissa perante o Tribunal do Povo. Então, pudemos proferir nossas palavras finais. O discurso final do professor Huber é conhecido pelos manuscritos, que foram preservados. Schmorell e Graf mantiveram sua posição natural e tranquila e admitiram sua atividade ilegal, que teria sido motivada pelo ideal de uma Alemanha melhor. No discurso final do réu Grimminger surgiu uma peripécia sensacional. Ainda estava em aberto se ele havia fornecido dinheiro para apoiar um movimento ilegal ou para ajudar universitários engajados na guerra. Chamaram de novo sua secretária, e o modo extremamente habilidoso com que ela formulou seu depoimento deixou a clara impressão de que Grimminger havia dado o dinheiro por uma preocupação puramente social.

Depois disso, fomos levados de volta às grandes celas coletivas e nos serviram uma papa espessa e indefinível, que nenhum de nós conseguiu comer; tínhamos a sensação de estar com um nó na garganta. Nessa ocasião, pude falar brevemente com o professor Huber. Ele me disse: "Não é um quadro desolador, esse que se diz o supremo tribunal alemão? Não é uma vergonha para o povo alemão?".

Ninguém conseguia encontrar a calma para se sentar. Todos andávamos de um lado para o outro sem parar. Os minutos decisivos da "deliberação do tribunal", que decidiriam entre a vida e a morte, haviam realmente chegado.

Os policiais presentes, em grande parte uns bávaros medíocres, abstinham-se totalmente, desviavam o olhar, e alguns davam a impressão de se envergonhar desse espetáculo horroroso.

Por volta das 22h30 fomos algemados de novo e conduzidos à grande sala do tribunal, com seu ridículo papel de parede florido. A sentença começou a ser proferida. Freisler levantou-se; atrás dele, o quadro com a careta asquerosa de Hitler. Com um detalhamento retórico de quem está se deleitando com a situação, formulou a fundamentação da sentença, que não estava disponível por escrito.

Alexander Schmorell, o professor Huber e Willi Graf foram condenados à morte, Grimminger a dez anos de detenção com trabalhos forçados. Conseguira se salvar. Seguiram-se os outros réus, com penas de prisão maiores ou menores. Por fim, chegou a minha vez e, apesar de o procurador-geral do Reich ter requerido cinco anos de prisão, fui absolvido por falta de provas. Os amigos que haviam escutado sua sentença de morte estavam de pé, quietos e controlados, sem derramar nenhuma lágrima.

Freisler, acompanhado de seus pretensos juízes, deixou a sala com a satisfação de ter, mais uma vez, proporcionado ao público um "espetáculo brilhante".

Foi informado de que eu seria entregue à Gestapo no dia seguinte.

O cordão policial nos cercou outra vez. Saímos da sala de audiência e fomos conduzidos escada abaixo, até onde estava o camburão. Entramos nele.

Sentei ao lado de Grimminger, felicitei-o e disse (era o dia 19 de abril): "Em dois anos, no máximo, a guerra terá acabado e você estará livre. Os dez anos não têm importância agora. O importante é você ter salvado a sua pele".

Começou então um circuito por Munique, pois os réus estavam distribuídos pelas mais diversas cadeias e agora precisavam buscar seus assim chamados "pertences". Dessa forma, fomos primeiro à cadeia de Neudeck, onde esperamos uns quinze minutos até Schmorell, Huber e os outros voltarem ao carro com seus pertences. A viagem seguiu para a cadeia Cornelius, onde eu e Graf descemos. Entramos na "recepção". Os agentes penitenciários já haviam preparado nossos pequenos pacotes e, apesar de já ser meia-noite, tinham até guardado a janta para nós. Eu e Graf estávamos morrendo de fome. Tentamos comer, mas não conseguimos. Aos poucos, começamos a conversar. Como agora eu estava com meus "pertences" na mão, peguei alguns dos cigarros que havia ali. O guarda tentou protestar. Olhamos para ele e Graf lhe disse: "Agora já basta". Então ele nos deixou fumar em paz. Willi me perguntou: "Falk, você sabe, por causa do seu irmão. Quando tempo leva até a execução? Tomara que seja logo, porque essa espera é terrível!". Respondi: "Ainda não perca todas as esperanças. Como você não foi o idealizador da ação, talvez aceitem um pedido de clemência no seu caso. No mais, creio que a espera não será longa, pois esse processo mobilizou muitas atenções dentro e fora do país". (Hoje sei que Willi Graf enfrentou o período mais difícil. Foi o último a ser executado, em 12 de outubro de 1943.)

O agente penitenciário nos apressou; juntamos nossas coisas, descemos as escadas íngremes em direção ao pátio da cadeia e entramos no carro onde estavam os amigos. Os policiais que estavam no carro nos deixaram em paz.

O professor Huber permanecia sentado em silêncio, ensimesmado. Schmorell e Graf participavam ativamente das conversas. Os outros estavam tão tensos e interiormente despertos que surgiu ali uma atmosfera impossível de descrever. Como agora todos estavam com seus pertences, tínhamos cigarros suficientes e todos fumavam em fortes tragos. O carro deu a partida. Seguíamos em direção dos arredores de Munique, o destino era: o presídio Stadelheim de Munique.

Cerca de 25 minutos depois, o carro parou e ouvimos o ranger dos grandes portões da prisão se abrindo. O carro adentrou o pátio do presídio Stadelheim. A porta se abriu e fomos conduzidos à grande sala de admissão. Lá havia um inspetor de Justiça, que estava com a lista das penas e separou os condenados de acordo com seu tipo de pena, assim como se faz com as mercadorias em uma loja.

"Pena de morte para o canto direito, trabalhos forçados para o canto esquerdo, cadeia para o outro lado." Então fiquei sozinho na sala. Ele se virou em minha direção e disse: "O senhor vai para o canto dos condenados à morte". Um funcionário da cadeia passou à nossa frente e os condenados à morte marcharam atrás dele.

O momento da despedida é indescritível. É impossível esquecer o "adeus" de todos os quinze.

Então o caminho seguiu por corredores intermináveis, com iluminação forte, e dobrou várias esquinas até pararmos diante de uma pesada porta de ferro, que foi aberta. Sabíamos que aquela era a morada da morte. Entramos naquele corredor. À direita e à esquerda das portas das celas estavam penduradas plaquetas pretas com letras brancas: TU. *Todesurteil*, pena de morte. Em frente às celas havia pacotes de roupas. Os delinquentes eram obrigados a dormir nus e algemados.

Apertei a mão do professor Huber. O que poderia ser dito? O coração carregava muita coisa, mas eu não encontrava as palavras certas. Foi muito difícil. Eu lhe disse: "Vamos sempre pensar em vocês. Nada foi em vão". O professor Huber respondeu: "Tomara que o senhor consiga sair logo.

Relatos e testemunhos

O senhor deve ter passado por muita coisa e sabe o que precisa fazer agora".

Então chegou a hora de me despedir de Alexander Schmorell, que era meu amigo. Com seu jeito de menino, ele ainda me disse: "Mande um abraço de todo coração para Lilo; tenho pensado muito nela". Trocamos um forte aperto de mão.

Depois veio a despedida de Willi Graf. Mas antes mesmo de abrirmos a boca, os funcionários da cadeia já se colocaram entre nós e nos separaram. Entrei na cela, que foi trancada atrás de mim. Estava sozinho. A cabeça latejava. Pouco tempo depois, abriram a portinhola e um funcionário da cadeia olhou para dentro da cela com um ar de indiferença: "Também é pena de morte?". "Não", eu disse, "vão me levar para a Gestapo de novo". "Então tá. Divirta-se." A portinhola se fechou outra vez.

Passei a noite inteira andando de um lado para o outro na cela, sem parar de pensar nos amigos que estavam alojados nas celas vizinhas. Irmão, cunhada e amigos já assassinados pelo algoz estavam vivos diante de mim. A noite estendeu-se infinitamente e, a cada minuto que passava, a cabeça, excitada demais, me fazia acreditar estar ouvindo a queda da lâmina da guilhotina. Afinal, Probst e os irmãos Scholl foram executados pouco depois do julgamento.

Na manhã seguinte, às onze horas, me tiraram da cela e me levaram para a Gestapo, na rua Brienner Straße. Uma dúvida me atormentava: liberdade, campo de concentração ou transferência para Berlim, onde ainda corriam os processos contra a "Orquestra Vermelha"? Às duas horas da tarde, dois agentes da Gestapo vieram falar comigo e explicaram que a decisão havia sido tomada: eu estava livre da cadeia e teria que retornar imediatamente ao exército.

Essa libertação parece inacreditável aos olhos de uma pessoa ingênua, mas não passava de uma tática da Gestapo, semelhante à de um gato que solta o rato de suas garras para depois voltar a capturá-lo. O objetivo nada mais era do que descobrir quais contatos eu retomaria depois desse processo.

Dois dias depois, retornei ao meu pelotão. Em agosto, fui com outra unidade a Atenas e, em 20 de dezembro de 1943, chegou à companhia uma ordem para me executarem, vinda pessoalmente de Himmler. No último instante, no aeroporto de Atenas-Tatoi, consegui fugir do avião que estava pronto para me levar. No tempo que se seguiu, continuei a luta antifascista em Atenas e nas montanhas da Grécia, junto com os gregos que lutavam por liberdade.

1947

Elisabeth Hartnagel-Scholl

Irmã de Hans e Sophie Scholl.

Do final de janeiro até 5 de fevereiro de 1943, passei cerca de dez dias na casa de Hans e Sophie em Munique, na rua Franz-Joseph-Straße, n° 13. Durante minha estadia, não pude notar nenhum indício das ações de meus irmãos. Naquele início de primavera, me ofereci para fazer uma limpeza minuciosa e uma boa arrumação no apartamento dos dois. Reservamos dois dias para essa tarefa, durante a qual também não descobri nada que levantasse suspeitas. Não compreendi a irritação de Sophie quando Alex esqueceu lá uma autorização de viagem para militares emitida em Saarbrücken. Ela ficou furiosa com esse "descuido".

No apartamento havia uma bata russa de Alex Schmorell. Naquela época, Sophie disse, meio que brincando: "De vez em quando ele usa para ir a um porão encontrar trabalhadores russos e dançar músicas típicas. Assim ele tem a sensação de estar na Rússia". Essa bata estava entre as coisas que Traute Laufrenz enviou para nossa família em Ulm, após a morte de meus irmãos. Eu a levei à senhora Wertheimer, que uma vez alugou um quarto para Hans, e pedi que a entregasse ao pai de Schmorell.

Uma vez, Christl Probst, que estava de passagem por Munique, nos fez uma pequena visita. Fiquei bastante impressionada por ele ter trocado o uniforme por roupas civis para passar só uma hora e meia conosco. Imediatamente, ele foi conversar a sós com Hans em seu quarto. Depois, tomamos um chá e falamos sobre a esposa de Christl, que havia dado à luz o terceiro filho e estava internada em uma maternidade, com febre pós-parto.

Lembro-me nitidamente da seguinte história, cujos bastidores só compreendi depois: num fim de tarde, Hans foi com Alex Schmorell "à maternidade", como eles disseram. Pouco depois, Willi Graf apareceu no apartamento. Quando eu disse que os dois tinham ido à maternidade, ele sorriu e afirmou que Hans e Alex não iriam até lá sem ele. Nessa noite, Sophie me pareceu nervosa. Fizemos um passeio no parque Englischer Garten. Durante o passeio, Sophie disse que era necessário fazer alguma coisa, escrever nos muros, por exemplo. "Tenho um lápis na bolsa", falei. Sophie: "Uma coisa dessas a gente faz com piche". Eu: "Mas isso é perigoso demais". Sophie despistou: "A noite é amiga de quem é livre". Quando voltamos para casa, Hans telefonou e disse: "Arranjem uma garrafa de vinho. Achei 50 RM no bolso". Em ocasiões especiais, era possível comprar uma garrafa de vinho por 20 RM de um comerciante clandestino que morava no prédio.

Pouco depois, Hans, Alex e Willi Graf chegaram em casa com um ar aliviado, e passamos juntos uma noite descontraída e agradável.

No dia seguinte, fui com Hans e Sophie à universidade assistir a uma aula sobre Leibniz. Ao lado da entrada da faculdade havia uma aglomeração de estudantes que olhavam perplexos para o muro. Quando nos aproximamos, vimos a palavra LIBERDADE escrita no muro com tinta preta, em letras gigantescas de mais de um metro. Havia várias faxineiras esfregando o muro com toda força para tentar apagar as letras.

Um estudante veterano disse a Sophie: "Esses vândalos!". Hans insistiu que não parássemos e disse: "É melhor não chamar atenção". Saindo de lá, Sophie disse baixinho: "Elas vão esfregar até cansar. Isso aí é piche".

Relatos e testemunhos

As aulas do professor Huber ficavam quase sempre superlotadas, inclusive porque ele não perdia nenhuma oportunidade de disparar ataques velados à ditadura nazista, a partir dos conceitos de Leibniz. Tais alfinetadas eram retribuídas com aplausos entusiasmados, e eu tinha a impressão de que a massa dos estudantes parecia esperar justamente por esses instantes.

Depois dessa aula, Hans, Alex e Willi Graf separaram-se de mim e de Sophie para procurar o professor Huber.

Em 4 de fevereiro de 1943, ainda durante a minha estadia em Munique, Theodor Haecker leu um texto, no Ateliê Eickemeyer, para um círculo de amigos e conhecidos convidados. Em tais encontros não se falava nada sobre as ações do grupo, fazia-se apenas uma crítica geral ao regime, o que se podia arriscar entre pessoas que compartilhavam das mesmas ideias. Evidentemente, as ações mais concretas se limitaram ao pequeno grupo dos seis, que pagaram por isso com suas vidas, bem como a poucos outros além deles, que depois foram condenados a longas penas de prisão.

Recordo que íamos a muitos concertos. Nessas ocasiões, encontrávamos todos os amigos.

Também me lembro vivamente do vaivém de convidados que Sophie precisava administrar com seus poucos cartões de alimentação. Quanto tempo ela não gastou só para arranjar mantimentos não-racionados!

Setembro de 1968

WILHELM GEYER

Pintor de Ulm, amigo de Hans e Sophie Scholl, passou algum tempo em Munique em fevereiro de 1943 para fazer um retrato de Carl Muth. Ficou alguns dias na casa dos irmãos Scholl e no ateliê de Eickemeyer.

O professor Huber, Carl Muth e Theodor Haecker foram personalidades determinantes para Hans. No entanto, Hans também teve alguma influência sobre esses senhores. Qual senhor de idade, vivendo isolado, não se sentiria lisonjeado com o reconhecimento de um jovem?

No dia de Stalingrado, fui com Hans assistir a uma aula do professor Huber. Em frente à entrada da universidade estavam muitos estudantes e outras pessoas observando as faxineiras que tentavam limpar as letras, do tamanho de pessoas, da inscrição que dizia: "Liberdade".

Durante a aula, o professor Huber recordou as vítimas de Stalingrado, conforme o protocolo, e depois acrescentou: "O tempo das palavras vazias acabou".

Depois da aula, Hans queria esperar pelo professor Huber em frente à universidade. Eu o dissuadi dessa ideia com a observação de que o lugar estaria cheio de espiões e de que ele já tinha ouvido as palavras do professor Huber. Andamos pela rua Ludwigstraße em direção ao monumento Feldherrnhalle. As inscrições "Abaixo Hitler", que haviam sido feitas com estêncil nas fachadas e sobre as calçadas, estavam encobertas por papéis brancos. Eu disse a Hans: "Bom trabalho, não é mesmo?". Hans ignorou a indireta e respondeu: "Isso é uma estupidez, agora a universidade será fechada". Na semana anterior, Alex me perguntara como se produzia um

Relatos e testemunhos

estêncil. Liberdade era o que o grupo mais defendia. Eles estavam feridos na sua dignidade humana. De vez em quando, conversavam sobre um contato em Berlim e com alguém no exército do Reich. Mas isso soava muito vago.

Na terça-feira da última semana, cheguei à noite, às 6 horas, na rua Franz-Joseph-Straße, para buscar a chave do ateliê, que Hans sempre apanhava comigo às sextas-feiras. Ninguém atendeu quando toquei a campainha. Pressionei a maçaneta, e a porta se abriu. Hans e Sophie estavam lá, no escuro. Sophie disse, aliviada: "Ah, é o senhor Geyer".

Fomos jantar juntos no "Bodega". Sophie foi a um concerto no Bayerischer Hof. Fiquei com Hans ainda por uma meia hora. Ele disse que queria criar um meio de comunicação livre quando tudo passasse. Essa foi a última vez que eu o vi.

Sophie ainda foi ao ateliê após o concerto, para tomar um café. Nessa ocasião, ela disse: "Muitas pessoas morrem por esse regime, está na hora de alguém morrer contra ele".

Eles sabiam que estavam sendo observados pela Gestapo e haviam pensado em fugir. Mas a preocupação com a família e com os amigos os impedia.

Se tivessem que ser presos, que não fosse em segredo, mas sim de um modo que o mundo inteiro soubesse.

Isso provavelmente explica a sua atitude ao distribuírem panfletos na universidade.

Na manhã de quarta-feira, ainda tomei café da manhã com Sophie. Nesse dia, viajei para Stuttgart, mas pretendia voltar a Munique na sexta-feira. Sophie dissera que ou Hans ou ela viajariam para Ulm. Mas que um deles estaria lá com certeza.

Ulm, 21 de setembro de 1968

Helmut Goetz

Na época, estudante da Universidade de Munique.

Quando li, há poucos dias, seu livro de memórias sobre A Rosa Branca no Arquivo Social de Zurique, fui tomado por uma grande emoção, que não era proporcional à distância temporal daqueles tristes acontecimentos de fevereiro de 1943. Mas minha comoção ao terminar a leitura do seu livro é muito compreensível, pois naquele 18 de fevereiro de dez anos atrás fui testemunha ocular de uma parte dos fatos que se sucederam na Universidade de Munique.

Era meu penúltimo dia de férias e, antes que a prisão de uma caserna me engolisse novamente, eu ainda queria levar comigo, como uma provisão para o caminho, uma aula de história da arte. Feliz com as palavras "Liberdade, Liberdade", que ainda estavam bem legíveis no muro da universidade, entrei no prédio, pouco depois das onze horas.

No momento em que atravessei o pátio interno, caíam folhas do terceiro andar, esvoaçantes. Primeiro, pensei que se tratava de um caderno que algum estudante teria deixado cair por descuido; já queria ir em frente quando alguns alunos, que se interessaram pelas folhas, foram repreendidos e afastados com palavras duras por um funcionário da Universidade, que surgiu rapidamente.

Nervoso, esperei por um momento, quando, de repente, o bedel desceu as escadas, conduzindo pelo braço um estudante que era ao menos duas cabeças mais alto do que ele. Então, fui para a aula. Ao meio-dia, não pude mais sair do prédio, pois todas as saídas estavam interditadas; as cabines

Relatos e testemunhos

telefônicas, também. Uma grande quantidade de estudantes aglomerava-se na saída principal, na rua Ludwigstraße, onde já estavam os carros da Gestapo e da SS.

Havia um burburinho geral, mas não aconteceu mais nada, nem mesmo quando uma moça foi levada, através da multidão, por dois oficiais da Gestapo, que traziam sua profissão estampada na carranca. Eu fervia de raiva, ira e ódio, mas fui covarde demais para abrir a boca: em primeiro lugar, já existia um dossiê a meu respeito, que era resultado de três revistas feitas na minha casa e de interrogatórios da Gestapo; e, em segundo lugar, a minha juventude e imaturidade não me deram a coragem para agir em apoio aos detidos.

Mas eu também estava abalado com a passividade desoladora dos estudantes que estavam ali — calados e à espera — e cometeram a inconcebível estupidez de bater os pés em aprovação ao reitor, que chegou logo em seguida, dando explicações e falando qualquer coisa sobre alta traição etc.

23/10/1953

Robert Mohr

Investigador-chefe da Gestapo de Munique, responsável pelo interrogatório de Sophie Scholl e outros membros do círculo da Rosa Branca.

No verão de 1942, já haviam chegado às mãos da Gestapo de Munique panfletos com o título "A Rosa Branca", produzidos por meio de cópias de um original datilografado. As folhas compreendiam duas laudas escritas à máquina e todas estavam endereçadas a grandes personalidades do mundo intelectual, como professores universitários, escritores e afins. [...]

As investigações instauradas com o propósito de identificar os autores dos panfletos não produziram nenhum resultado. Diferentes circunstâncias levavam a crer que os autores dos panfletos deveriam ser procurados em Munique, contudo faltavam, por ora, indícios mais evidentes.

A situação mudou no final de janeiro ou no início de fevereiro de 1943. Durante a madrugada, várias pessoas (presumivelmente) distribuíram cerca de 8 a 10 mil panfletos mimeografados pelo centro de Munique, na soleira de casas e quintais, pelas calçadas etc. Nesses panfletos também foi manifestada, com palavras drásticas e referentes à tragédia de Stalingrado, a oposição contra a forma de governo e Estado então vigentes e seus líderes. Foi dado como certo que, a essa altura, a guerra já estava perdida e, por isso, tudo deveria ser feito para abreviar ou para acabar com esse derramamento de sangue sem sentido.

O surgimento de um número bastante elevado de panfletos na "capital do movimento nazista" evidentemente causou grande inquietação e preocupação nos mais altos escalões do governo.

[...]

Na manhã seguinte, entre dez e onze horas, eu estava em meu gabinete no Palácio de Wittelsbach, em Munique, quando recebi um telefonema com a ordem de ir falar imediatamente com o meu superior, Sr. Schäfer, conselheiro-chefe do governo. Não sabia do que se tratava. Pouco depois, quando cheguei a seu gabinete, encontrei-o sentado à sua escrivaninha, atrás de uma pilha dos panfletos já mencionados, que haviam sido recolhidos na cidade nesse meio-tempo.

Após ser brevemente informado sobre o caso, recebi a ordem de delegar trabalhos ou interromper o que não fosse urgente para me dedicar de imediato à busca dos autores dos panfletos com uma equipe de investigadores. Ao mesmo tempo, foi-me comunicado que a ação de panfletagem causara extrema preocupação e que, portanto, os escalões mais altos do partido e do Estado estavam interessados no mais rápido esclarecimento do caso. Esse interesse compreensível tornou-se ainda mais evidente porque altas personalidades nos contatavam quase todos os dias para se informar sobre o andamento do inquérito.

Quase ao mesmo tempo, um grande número de panfletos de teor parecido ou até mesmo idêntico chegaram pelo correio a destinatários em Stuttgart, Augsburgo, Viena e — salvo engano — em Salzburgo e Innsbruck. Por essa razão, inicialmente foi difícil determinar em qual desses lugares deveríamos procurar os responsáveis pela produção e divulgação dos panfletos. Havia grande probabilidade de que Munique fosse o ponto de partida, pois aqui fora distribuído o maior número de panfletos, enquanto nos outros locais a difusão se dera por correio.

Com relativa rapidez, pôde ser comprovado que os envelopes usados para o envio dos panfletos apreendidos provinham de uma fábrica de envelopes de Munique. Também era quase certeza que o papel poroso utilizado para as reproduções fora comprado na mesma cidade. A isso se acrescentava que uma quantidade surpreendentemente grande de selos de oito centavos havia sido comprada por uma mesma pessoa na agência de correio 23 (na rua Ludwigstraße). O atendente do guichê em questão logrou até fazer uma descrição da pessoa. Além disso, o teor dos panfletos indicava que seu autor ou seus autores tinham formação acadêmica. Foi constatado ainda que os endereços para o envio dos panfletos apreendidos em Munique e arredores haviam sido extraídos de uma lista de endereços de estudantes da universidade.

Durante a investigação, na manhã de 18 de fevereiro de 1943, aproximadamente às onze horas, recebemos um telefonema da universidade informando que, pouco antes, um grande número de panfletos fora lançado do alto da balaustrada do saguão e que duas pessoas haviam sido detidas — provavelmente os responsáveis pela distribuição dos impressos em questão.

Pouco depois, fui conduzido à antessala da Reitoria, onde haviam amontoado, sobre uma mesinha, os panfletos recolhidos no saguão; eram parecidos com os anteriores, mas agora tinham o título "Colegas universitários!". Na mesma sala, encontravam-se uma jovem senhorita e um jovem cavalheiro, que me foram apresentados como os prováveis responsáveis pela distribuição dos panfletos. Um funcionário da universidade (Schmitt) afirmava ter visto ambos nas proximidades do lugar de onde as cópias haviam sido lançadas. Ambos, sobretudo a senhorita, transmitiam uma impressão de absoluta serenidade. E, por fim, comprovaram sua identidade como os irmãos Sophie e Hans Scholl, apresentando suas carteiras de estudante.

Os dois foram levados de viatura até a delegacia da Gestapo e foram interrogados no decorrer da tarde e, porque nos pareceu necessário, também foram interrogados separadamente até tarde da noite. O interrogatório de Sophie Scholl coube a mim, enquanto Hans Scholl foi encaminhado a outro investigador, Mahler (de Augsburgo).

Num primeiro momento, Sophie Scholl me assegurou de modo absolutamente convincente (o que era compreensível naquela situação) não ter nenhum tipo de envolvimento com essa história da panfletagem. Na noite anterior, ela teria marcado para 18 de fevereiro de 1943 um almoço com uma amiga que também era estudante universitária (natural do norte da Alemanha, se não me engano de Hamburgo, e tinha naquela época por volta de 20 anos, depois foi co-ré e — pelo que eu saiba — foi condenada a seis meses de prisão). Mas depois esse plano teria mudado, pois, segundo Sophie, ela e seu irmão Hans haviam combinado ir juntos à casa dos pais em Ulm para buscar roupas limpas e fazer uma breve visita. O único motivo de Sophie e Hans terem passado na universidade a caminho da estação era comunicar à amiga — que estava assistindo a uma aula — sobre a partida para Ulm. Assim também se explicava o fato de estarem carregando uma mala vazia, que seria usada justamente para acomodar as roupas limpas. Sobre os panfletos em questão, Sophie Scholl declarou ainda que os tinha visto empilhados sobre a balaustrada do saguão ao andar pelo corredor no edifício da universidade. Ao passarem ao lado dessas pilhas, seu irmão, provavelmente por não lhe ocorrer nada melhor naquele momento, teria empurrado os impressos.

Àquela altura do interrogatório, quando não havia motivo algum para questionar as declarações absolutamente plausíveis de Sophie Scholl, o líder estudantil Scheel veio até meu gabinete. Solicitou a permissão para conversar brevemente com Sophie Scholl. Provavelmente ela lhe contou a mesma versão dos fatos que a mim. Em todo o caso, parece que, por causa da conversa, Scheel também chegara à conclusão que os irmãos Scholl nada tinham que ver com a ação de panfletagem. Caso contrário, ele não teria falado ao sair: "Não desonrem a comunidade estudantil alemã". Naquele momento, dadas as informações colhidas, eu achava que Hans e Sophie Scholl seriam liberados ainda no mesmo dia. Dei isso a entender ao mencionar a Sophie Scholl de passagem que ela provavelmente poderia partir com seu irmão para Ulm ainda naquela noite.

[...]

Só ocorreu uma reviravolta nos acontecimentos quando, durante uma revista no quarto de Hans Scholl, foram encontradas várias centenas de selos de oito centavos — novinhos em folha — e o rascunho manuscrito de um panfleto. Mais tarde, ficou comprovado que o escrito fora redigido de próprio punho por Christoph Probst. Isso me foi comunicado na noite de 18 de fevereiro de 1943 com a observação de que, por consequência, Hans Scholl poderia ser responsável pela autoria e divulgação dos panfletos.

Falando francamente, eu mesmo fiquei mais surpreendido com essa nova situação do que a minha acareada, a senhorita Scholl que, em todos os momentos, foi a serenidade em pessoa. O que se passou depois nunca mais se repetiu nos meus 26 anos de carreira na polícia e na gendarmaria. Sophie não mediu esforços em tomar toda a culpa para si a fim de, com isso, isentar ou até mesmo salvar seu irmão, a quem amava muito, por sinal. Não tenho dúvidas de que se Sophie Scholl tivesse podido, teria sacrificado sua jovem e promissora vida duas vezes para poupar seu irmão do desfecho trágico. Por outro lado, Hans Scholl demonstrou exatamente a mesma disposição. Nem preciso salientar o quanto o amor fraterno, que ficou evidente com essa disposição ao sacrifício, e a força de caráter impressionaram fortemente não só a mim, como também a todos os demais envolvidos no caso.

Relatos e testemunhos

Tanto Sophie como Hans Scholl estavam totalmente conscientes da gravidade dos seus atos e do desfecho em que poderiam culminar. Mesmo assim, até o amargo final mantiveram uma postura que só pode ser caracterizada como ímpar. Ambos foram uníssonos nas suas declarações ao afirmarem que seus atos tinham um único objetivo: evitar uma desventura ainda maior para a Alemanha; os irmãos tentavam contribuir fazendo sua parte para salvar a vida de centenas de milhares de soldados e civis alemães. Segundo eles, quando a ventura ou desventura de um grande povo está em jogo, de fato, nenhum meio ou sacrifício oferecido de bom grado é grande demais. Até o fim, Sophie e também Hans Scholl estavam convencidos de que seu sacrifício não seria em vão.

Apesar de os oficiais atuantes no caso serem criminalistas experientes e com plena consciência do dever, é mais do que compreensível que as desafortunadas vítimas dessa tragédia desfrutassem da completa simpatia e consideração, quando não mesmo da estima de todos os envolvidos. Por tal motivo, o tratamento dispensado aos irmãos foi bastante bom e indulgente. Considerando a grandeza de espírito e de caráter dos interessados, cada um de nós gostaria muito de ter ajudado, se tivesse sido possível, em vez de nos limitarmos a pequenas gentilezas, como foi o caso. Naqueles dias, meu colega me disse algo como: "Em Hans Scholl vi uma inteligência que me era praticamente desconhecida até então. Lamento não poder fazer nada por ele, dadas as circunstâncias". Se não me falha a memória, esse mesmo colega me falou em confiança que Hans tinha um perfil de "líder do povo" de que talvez fôssemos necessitar no futuro. Por fim, acrescentou ainda que era terrível que tais pessoas tivessem que morrer...

Quanto a Sophie Scholl, eu acreditava ter encontrado um caminho para salvar sua vida, ao menos. Convoquei-a para um interrogatório, creio que em 19 de fevereiro de 1943, unicamente com essa intenção. Tentei, com todos os argumentos possíveis, convencer a senhorita Scholl a fazer uma declaração afirmando não compartilhar da ideologia de seu irmão. Muito pelo contrário: ela teria que depor que havia confiado cegamente no julgamento do seu irmão de estarem fazendo a coisa certa, sem ela estar ciente da gravidade desses atos. Sophie Scholl reconheceu imediatamente aonde eu queria chegar, mas se negou de forma categórica a prestar tal depoimento ou outro semelhante. Na realidade, talvez essa tivesse sido a única possibilidade de salvar ao menos a vida de Sophie Scholl — uma chance, como a senhorita Gebel diz em seu manuscrito. Tive a forte impressão que Sophie Scholl teria se sentido como traidora do próprio irmão se tivesse que se agarrar a essa "tábua de salvação". Considerando a personalidade de Sophie Scholl como um todo, compreendo perfeitamente sua decisão, mesmo tendo ficado bastante frustrado na época por não ter conseguido alcançar meu objetivo...

As instâncias superiores pressionavam para chegarmos ao encerramento das investigações o quanto antes, pois uma condenação já estava prevista nos dias seguintes pelo Tribunal do Povo em Munique, como aconteceu de fato. Na tarde do domingo subsequente à prisão — se não me engano, dia 20 de fevereiro de 1943[4] —, o procurador-geral do Reich chegou a Munique; os autos do inquérito já precisariam estar prontos naquele momento. Isso explica o fato de que as pessoas envolvidas na investigação prévia — acusados e criminalistas — mal terem podido descansar nesses dias. Tendo o conhecimento exato da situação, dei a Sophie Scholl a possibilidade de se despedir, por via das dúvidas, de seus parentes

---

[4] Na verdade, 21/2/1943. (N. da E.)

ao menos por meio de carta. Tomei essa precaução ainda antes da transferência para o cárcere do Tribunal porque mais tarde talvez não pudessem ser concedidos tempo ou oportunidade para tanto.

Breves cartas de despedida foram escritas por Sophie e Hans Scholl para os pais, para Inge Scholl e de Sophie para seu namorado ou noivo. Aquelas linhas continham calorosas palavras de agradecimento pelos gestos de apoio e pelo amor recebidos, junto com a observação de que não poderiam ter agido de outra maneira. Em uma das cartas, expressaram que os atos que estavam sendo condenados agora seriam absolvidos e justificados no futuro. Além disso, os escritos continham palavras de consolo e de desculpas pela dor que estavam infligindo aos seus entes queridos. Foram também o testemunho de uma fé profunda.

Em uma das cartas, presumivelmente de Sophie para Inge Scholl, foram mandadas lembranças a um tal professor Muth de Solln, ao sul de Munique. Por meio de Sophie Scholl, fiquei sabendo que os irmãos Scholl faziam visitas casuais a esse senhor e que tinham um especial apreço e respeito por ele.

Precisei relatar o conteúdo das cartas de despedida ao Escritório Central de Segurança do Reich de Berlim. Recebi a ordem de arquivá-las, sem exceção alguma, nos autos. Além disso, me foi terminantemente proibido entregá-las aos destinatários porque poderiam ser empregadas com fins de propaganda. Essa ordem não foi bem recebida em Munique e demonstra por si só que o teor das cartas era coerente com a postura dos irmãos.

Eu e outros colegas, entre os quais o senhor Mahler, fomos convocados a depor como testemunhas na audiência do Tribunal do Povo, agendada para o dia 22 de fevereiro de 1943, às dez da manhã, no Palácio de Justiça de Munique. Quando a audiência foi aberta, as testemunhas tiveram que se retirar. Depois, a inquirição das testemunhas não foi considerada necessária porque, como era de se esperar, os réus eram totalmente confessos. A audiência foi conduzida com todo o rigor pelo juiz presidente Freisler. O que mais me saltou aos olhos foi que os réus mal tiveram direito à palavra ou, então, ouviam comentários mordazes após qualquer declaração dada. No decorrer do julgamento, notei que um casal de mais idade irrompeu na sala de audiência. Só depois fiquei sabendo que se tratava dos pais dos irmãos Scholl. Ainda me lembro que, em suas palavras finais, Hans Scholl declarou que assumia plenamente a responsabilidade por seus atos e que chegaria o dia em que aqueles que se intitulavam juízes estariam sentados no banco dos réus. Acho até que essas palavras finais foram ainda mais drásticas. Talvez tenham até sido: "Hoje vocês nos mandam para a forca, mas amanhã vocês é que serão os enforcados", ou algo semelhante.

Não tive nenhuma participação na transferência dos réus para o cárcere do Tribunal e na sua apresentação durante a audiência, nem na sua reinternação no presídio de Stadelheim após o julgamento. Isso cabia ao pessoal do presídio e à polícia auxiliar, a chamada "Polícia Azul".

Na tarde após o julgamento — 22 de fevereiro de 1943 —, mais ou menos entre 14 e 15 horas, dirigi-me mais uma vez ao presídio de Stadelheim, onde me encontrei pela primeira vez com os pais dos irmãos Scholl. Quando andei em direção à cela de Sophie Scholl pelo corredor do presídio, passei por acaso por Hans Scholl, que estava sendo conduzido da sala de visitas por um guarda, provavelmente até sua cela. Apesar da vigilância, Hans Scholl veio correndo até mim, cumprimentou-me com um aperto de mão e palavras de agradecimento por ter tratado tão bem sua irmã. Disse que havia acabado de pedir a seus pais que me transmitissem sua gratidão, mas que estava contente por poder manifestar esse agradecimento pessoalmente. Esse gesto me comoveu de

Relatos e testemunhos

tal maneira que não consegui dizer uma única palavra. Acho que ainda consegui murmurar: "Também seja forte agora".

Encontrei Sophie Scholl na cela das guardas femininas, para onde fora trazida após a visita de seus pais. Foi a primeira vez que a vi aos prantos desde nosso primeiro contato. Ela se desculpou pelas suas lágrimas e me explicou: "Eu acabei de me despedir de meus pais, o senhor entende". Pode-se imaginar perfeitamente, conhecendo o contexto, como me senti nesse momento.

Depois de algumas palavras de conforto, despedi-me de Sophie Scholl. A mim só resta repetir que tanto essa moça quanto seu irmão mantiveram uma postura que só pode se explicar pela força de caráter, por um amor fraterno intenso e uma rara e profunda fé. Pelo que me recordo do interrogatório, Sophie e também Hans Scholl haviam se debruçado sobre a filosofia da religião, paralelamente a seus estudos universitários. Tive inclusive a impressão de que trilhavam um caminho religioso próprio. Seja como for, é fato que possuíam uma fé profunda.

Acrescento ao meu relato anterior que, poucos dias após a condenação dos irmãos Scholl e de Christoph Probst, Berlim decretou uma punição para as famílias dos réus condenados, a chamada *Sippenstrafe*, no caso concreto uma detenção preventiva dos parentes, *Sippenhaft*. Não havíamos sido informados sobre tal medida até então. Segundo essa ordem, os familiares mais próximos dos condenados deveriam ficar em custódia protetora e depois ser enviados indiscriminadamente a um campo de concentração. Não exagero quando digo que todos nós ficamos chocados com essa medida arbitrária e sem nenhum respaldo jurídico. Em virtude dessa ordem, o casal Scholl também foi detido em Ulm...

Então, dirigi-me ao presídio de Ulm, onde Robert Scholl me foi apresentado para interrogatório, durante o qual parti do princípio de que o senhor Scholl não estava informado sobre as atividades dos filhos em Munique. Por isso, nem precisei falar sobre o assunto. Tentei somente conseguir — como no caso de Sophie Scholl — uma declaração que concluísse com a afirmação de que Robert Scholl, em termos de postura ideológica ou convicção política, não poderia ter absolutamente nada a ver com o caso de alta traição. Meus esforços nesse sentido fracassaram, pois Robert Scholl conservou perante mim uma postura que, em todos os sentidos, honrou aquela mantida por seus dois filhos. Se eu tivesse colocado no papel a opinião política e as perspectivas para o futuro que Robert Scholl manifestou nua e cruamente, minha intenção teria se transformado no oposto daquilo que eu ensejava com a minha iniciativa. Robert Scholl também teria sido processado e condenado. Na melhor das hipóteses, ele teria que sofrer as consequências como prisioneiro de um campo de concentração. Dadas as circunstâncias, lamentei não ter obtido êxito nessa questão. Então tivemos que nos limitar à constatação de que a investigação instaurada comprovara que tanto o casal Scholl quanto sua filha Inge não tinham absolutamente nada a ver com o processo de alta traição contra os irmãos Scholl. Porém, isso não foi suficiente para anular a custódia protetora já decretada. [...]

19/2/1951

Relatos e testemunhos

HELMUT FIETZ

Antigo supervisor de ordenha em Penzberg, prisioneiro político no presídio da Gestapo no Palácio de Wittelsbach e companheiro de cela de Hans Scholl no período de sua detenção de 18 a 22/2/1943.

Provavelmente não queriam deixar Hans sozinho para evitar tentativa de fuga ou suicídio. O suicídio lhes teria sido inconveniente, pois queriam arrancar ainda mais informações dele e "exterminar o covil". Quanto a isso, equivocaram-se redondamente. Hans, fugir! Isso significaria deixar seus amigos em apuros e entregá-los a um destino sombrio.

Pois foi exatamente essa a sua maior preocupação nos últimos quatro dias, durante os longos interrogatórios: encontrar um meio para inocentar os amigos.

Uma vez, após um interrogatório que durou horas a fio, ele voltou à cela terrivelmente triste e abatido. Hans disse: "Agora talvez eu precise entregar alguém. Não sei mais como posso contornar esta situação". Esperou pelo próximo interrogatório com o coração apertado. Porém, depois de poucas horas, retornou descontraído e quase eufórico. "Correu tudo maravilhosamente bem, não conseguiram arrancar nenhum nome", disse, feliz. Era impressionante a sua capacidade de se manter tão alegre até mesmo naqueles dias. E, às vezes, recitava versos engraçados ou dizia coisas que eu não conseguia entender direito. Por exemplo: "O sol está resplandecente". Quando eu repliquei: "O sol não está resplandecente coisa nenhuma, só está brilhando", falou-me num tom ousado e triunfante: "Se digo que está resplandecente, é porque está resplandecente". (De fato, o brilho do sol era inesperadamente mais quente e intenso naqueles primeiros dias de primavera.) E, assim, Hans alçou-se à janelinha gradeada no alto da cela e contorceu o pescoço para surrupiar um raio de sol ou um pedacinho de céu. No entanto, tais estados de espírito muitas vezes davam lugar a momentos de seriedade. E, apesar disso, eu sempre percebia, justamente pelo que estava por trás da aparente alegria de Hans, o quanto era pesado o fardo de sua responsabilidade.

Hans sempre foi gentil comigo. Só às vezes ele me pedia para não conversar e deixá-lo imerso em seus pensamentos. Todas as noites, uma luz intensa ficava acesa na cela. No presídio, sabia-se que os condenados à morte ocupavam essas celas de iluminação clara. Mesmo sabendo disso, Hans não parecia se incomodar. Ele já contava com a sentença de morte desde o segundo dia de prisão.

Enfim, chegou a última manhã. Hans ainda me pediu que mandasse lembranças aos pais e amigos. Depois, me deu a mão, amistoso e solene, e disse: "Então, vamos nos despedir agora, enquanto ainda estamos sozinhos". A seguir, virou-se para a parede e, em silêncio, escreveu algo no muro branco da cadeia, com um lápis que haviam conseguido para ele. Um silêncio indescritível reinava na cela. Ele mal havia soltado o lápis quando as chaves rangeram na fechadura e a porta se abriu. Os carcereiros o algemaram e o conduziram à audiência.

As palavras que ele havia acabado de escrever na parede diziam: "Preservar-se, apesar de toda a violência".

A partir dos depoimentos orais de Helmut Fietz,
provavelmente no outono de 1945 ou na primavera de 1946

DR. LEO SAMBERGER

Na época, estudante de direito e estagiário no tribunal em Munique.

Um dia — era 16 de fevereiro de 1942 —, encontrei um panfleto, dobrado como uma carta, na minha caixa de correio. Li e não podia crer em meus olhos: dizia abertamente o que todas as pessoas sensatas pensavam. Fiquei fascinado com o conteúdo e entusiasmado com a coragem do autor destemido, que evidentemente estava colocando sua vida em risco em nome de uma ideia elevada.

Naquela semana, durante a noite, haviam pintado as palavras "Liberdade" e "Abaixo Hitler", em letras gigantescas e em cores vivas, por toda a parte, sobretudo na fachada da universidade; as palavras destacavam-se especialmente à direita e à esquerda da entrada principal. Poucas horas depois, estava lá um exército de faxineiras fervorosas, a apagar os escritos, apoiadas pelos mais zelosos adeptos do sistema. Fizeram isso com tanta habilidade que as cores das letras foram varridas, porém os escritos ainda permaneceram legíveis por muito tempo, não mais pelas cores, mas por causa das marcas deixadas pela limpeza, como um monumento silencioso que sobreviveu à guerra e à derrota.

Em 18 de fevereiro, dois dias depois de ter recebido o panfleto — no selo encontrava-se estampada, em vermelho, a cabeça do Führer —, eu estava na faculdade de direito, como de costume.

De repente, no fim da manhã, escutei nos corredores um vaivém nervoso. Tentei descobrir o que estava acontecendo e me deparei com pânico e agitação generalizados. Uns estudantes haviam jogado pilhas de panfletos da galeria superior para o pátio interno.

A universidade foi imediatamente interditada para que nenhum culpado pudesse escapar.

Funcionários e voluntários engajaram-se na grande mobilização para coletar e destruir aquele material impertinente. Soube-se que os infratores haviam sido pegos por um zelador chamado Schmid, que não hesitara em "cumprir seu dever". Foram detidos e levados em seguida.

Poucos dias depois, em 22 de fevereiro, com a pressa agitada e apreensiva do sistema, o processo contra os culpados foi instaurado pelo Tribunal do Povo, vindo especialmente de Berlim em sua composição completa. O resultado do processo já estava definido antes de qualquer palavra ser dita.

Por acaso ou coincidência — a audiência havia começado há muito tempo, provavelmente por volta das nove —, eu soube, pelo meu vendedor de cigarros nos arredores do Palácio de Justiça, que alguns estudantes estavam sendo julgados por causa das suas ações rebeldes.

Fui imediatamente à sala do tribunal — era cerca de 10h30; o processo estava em pleno andamento. Fiquei parado junto à entrada. A sala estava lotada, e se notavam rostos tensos por toda a parte. Tive a impressão de que a maioria estava pálida de medo. De um medo que se propagava a partir da mesa do juiz. É possível que entre os presentes estivessem adeptos do partido, abalados, e espiões cuja palidez talvez se devesse a outros sentimentos...

O que me abalou foi que, embora eu não conhecesse pessoalmente os réus, seus rostos me eram familiares da sala de concertos de Munique, onde, naqueles anos em especial, muitas pessoas buscavam força e refúgio na música de Haydn, Mozart e Beethoven.

Não fui o único que ficou profundamente impressiona-

Relatos e testemunhos

do com a postura dos réus. Ali estavam pessoas clara e inteiramente movidas por seus ideais. Suas respostas às perguntas muitas vezes ultrajantes do juiz presidente, que durante toda a audiência assumiu o papel de promotor, foram calmas, serenas, claras e corajosas.

Apenas reações físicas denunciavam a forte tensão à qual eles estavam submetidos. Hans Scholl, que estava em pé, de repente empalideceu como se fosse desmaiar e um tremor percorreu seu corpo. Jogou a cabeça para trás e fechou os olhos. Mas não caiu e deu a resposta seguinte com voz firme. Sua irmã Sophie e seu amigo Christoph Probst, que estava um pouco fora do campo de visão dos presentes, mostravam a mesma postura firme.

A ultrajante tendência geral do juiz Freisler era fazer os réus passarem por idiotas e criminosos, embora isso deva ter sido muito difícil diante da postura deles. Ele até chegou a insinuar furto quando falou da aquisição de papel. Era necessário destruir toda suspeita de que pudesse se tratar de réus honrados cujo grande objetivo era despertar o povo para a liberdade e o dever. Mas em suas últimas horas de vida esses mártires não se deixaram abalar.

Depois desse interrogatório dos réus — o que por muito tempo foi motivo de vergonha para a Justiça, que até hoje carrega por isso uma mácula e um complexo —, depois dessa condução hipócrita e ofensiva da audiência, soaram as palavras do acusador, um procurador-geral do Reich que, como era de se esperar, exigiu a morte dos três revolucionários de forma objetiva e relativamente branda.

As escassas palavras subsequentes do defensor público não deixavam transparecer qualquer esforço verdadeiro de fazer o possível por aqueles a quem ele representava. O advogado de Hans Scholl até afirmou ser inconcebível que pessoas pudessem fazer coisas daquelas, e que deveriam se envergonhar de suas ações.

Depois desse fracasso da defesa, um homem agitado, de meia idade, conseguiu se adiantar, pelo corredor, passando pela fileira de espectadores e tentou, primeiro, pedir a palavra através do advogado de defesa, sem sucesso, e depois por conta própria.

Era o pai dos irmãos Scholl que, evidentemente, não era esperado na sala de audiência, nem pela Gestapo nem pelos membros do tribunal, e agora, em um último ato de desespero, procurava apresentar aos juízes argumentos a favor dos réus, seus filhos. Ele fez mais algumas tentativas desesperadas de se fazer ouvir. Quando Freisler percebeu o inconveniente da situação, proibiu a presença dos pais — soube-se depois que a mãe também estava presente — e ordenou que fossem conduzidos para fora.

Era cerca de 13h30 quando os juízes se retiraram para deliberar. Na pausa, aquele bedel repugnante da universidade, que, como espectador, apareceu em um terno fino para seu grande momento de glória, deixou-se admirar e festejar pelas pessoas à sua volta como um herói disfarçado.

Depois de uma curta deliberação, a sala encheu-se novamente. Ninguém queria perder o espetacular pronunciamento da sentença. Restaram apenas duas pessoas no longo corredor diante da sala: os pais dos irmãos Scholl, que haviam sido expulsos.

Minha indignação e compaixão haviam atingido o auge. Dei meia-volta enquanto as portas eram fechadas e fui em direção aos pais. Apresentei-me como estagiário do tribunal, expressei em poucas palavras o quanto o processo tinha me repugnado e ofereci aos Scholl minha ajuda naquela situação desesperadora. Para mim estava muito claro que esse apoio seria, sobretudo, moral. Falávamos sobre o processo enquanto a sentença era pronunciada na sala.

Logo, a porta foi aberta. O público saiu. Foi confirmada a sentença que era de se esperar. Os pais suportaram o mo-

Relatos e testemunhos

mento com uma postura aparentemente equilibrada, digna de admiração. O pai ainda tentou expressar seu horror em altos brados. Pedi que ele se acalmasse imediatamente para que a catástrofe não fosse ainda maior. Então o advogado de defesa de Hans Scholl veio falar com os pais. Ele não disse nenhuma palavra de consolo nem esboçou qualquer gesto de compaixão. Ainda por cima foi capaz de censurar os pais por terem "educado tão mal seus filhos".

Quando o Sr. Scholl perguntou o que ainda poderia ser feito, sugeri que me acompanhasse imediatamente ao gabinete do procurador-regional de Justiça para dar entrada a um pedido de clemência. Fomos para uma sala onde uma secretária protocolou esse requerimento. O máximo que conseguimos foi que o Sr. Scholl falasse pessoalmente com o procurador-regional de Justiça. Apesar do encaminhamento do pedido através do procurador-regional de Justiça, não foi possível — como se temia — falar com o procurador-geral do Reich.

Eu me despedi e dei o meu telefone e endereço ao Sr. Scholl e pedi que me telefonasse imediatamente caso precisasse de mais alguma coisa.

Fui para casa e percebi o perigo em que havia me colocado com meu comportamento e com a busca aflita por pessoas que se solidarizassem conosco. Em casa, desfiz-me de tudo o que pudesse levantar suspeitas.

Depois de algumas horas, o Sr. Scholl telefonou e pediu para marcar um encontro. Por volta das 18h30, nos encontramos, conforme combinado, no restaurante "Humpelmayer". Além dos pais, vieram o irmão mais novo dos Scholl, que naquele período estava de férias do *front*, e uma estudante, amiga de Hans Scholl e próxima do círculo, que seria julgada no processo seguinte.

Logo o pai de Scholl me pediu para redigir o pedido de clemência para Christoph Probst, também condenado. O pedido precisaria ser levado para Tegernsee logo na manhã seguinte e assinado pela esposa de Christoph Probst, que estava de resguardo há semanas, para que o documento fosse entregue imediatamente.

Eu mal havia entregue o pedido de clemência ao Sr. Scholl quando soube, por um conhecido que estava sentado por acaso em uma mesa ao lado, que havia sido anunciado no rádio que as sentenças de morte tinham sido executadas às 17 horas.

Naquela noite, não consegui comunicar isso à família. Ficamos juntos por mais algumas horas, falando sobre os horrores do dia. Ao mesmo tempo, eu procurava acalmá-los e distraí-los. Então lá pelas 22 horas, os pais pegaram o trem para Ulm. Eu e o irmão de Scholl, que mais tarde morreria em combate na Rússia, ficamos mais um pouco nas ruas silenciosas da Munique noturna; então nos separamos.

Pastor Dr. Karl Alt

Capelão protestante no presídio de execução de Stadelheim em Munique.

Como eles morreram
As últimas horas dos irmãos Scholl

Em 22 de fevereiro de 1943, os irmãos Scholl foram condenados à morte pelo Tribunal do Povo em Munique, por terem redigido e distribuído panfletos contra o nacional-socialismo, e, na prisão, executados na guilhotina, ainda no mesmo dia.

Christoph Probst, que não era batizado, deixou-se batizar nessa hora derradeira pelo capelão católico da prisão e recebeu dele a extrema-unção. Eu havia sido chamado por telefone para atender os irmãos Scholl com urgência. Com o coração palpitante, adentrei a cela de Hans Scholl, que me era totalmente desconhecido — como poderia eu, nesse tempo demasiado curto, me aproximar dele e prestar assistência espiritual, preparando-os, ele e a sua irmã, para esse fim terrível? Nessa situação, qual palavra das Escrituras poderia melhor atingir seu coração e fortalecê-lo em seus últimos passos? Mas Hans Scholl apaziguou todas as minhas dúvidas e preocupações. Após uma breve saudação e um forte aperto de mão, ele me pediu para ler dois trechos da Bíblia: a "suprema excelência do amor" de I Coríntios, capítulo 13 e o salmo 90: "Senhor Deus, tu tens sido o nosso refúgio, de geração em geração. Antes que os montes nascessem, ou que tu formasses a terra e o mundo, tu és Deus, de eternidade a eternidade. Tu deixas que os homens morram e dizes: Voltai, filhos dos homens. Porque mil anos são aos teus olhos como o dia de ontem que passou, e como a vigília da noite...".

Primeiro, lemos juntos, em voz alta, o salmo 90 da Bíblia de Lutero, conhecido por "Oração de Moisés, varão de Deus", com as súplicas finais: "Ensina-nos a contar os nossos dias, de tal maneira que alcancemos corações sábios. Volta-te para nós, SENHOR; até quando? Aplaca-te para com os teus servos... Alegra-nos pelos dias em que nos afligiste, e pelos anos em que vimos o mal...".

Foi isso que Hans Scholl pediu na sua oração, não somente para si, mas também para seu povo flagelado e infeliz.

Usei o outro trecho da Bíblia que Hans havia escolhido, da Primeira Epístola aos Coríntios, em meu sermão de confissão e eucaristia, pois ambos os irmãos desejaram receber o sacramento do altar, como é comum antes de todas as execuções. Considerei que a palavra do Salvador se cumpria agora: "Ninguém tem maior amor do que este, de dar alguém a sua vida pelos seus amigos". A morte que estava diante deles também era, assim disse eu, dar a vida pelos amigos, uma morte em sacrifício pela pátria, como aquela no *front*, com a diferença de que por meio dela muitos seriam advertidos contra mais derramamentos de sangue insanos. Houve um, porém, que sofreu por toda a humanidade uma ultrajante morte na cruz, como um criminoso. ELE também morreu por nós e, através de sua morte e sacrifício, nos abriu a porta para a vida eterna, de modo que "nenhuma morte nos pode matar"... Mas o amor e a graça de Cristo exigem e permitem que também amemos nossos inimigos e sejamos capazes de perdoar nossos juízes injustos. É desse amor quase sobre-humano que fala o apóstolo no capítulo 13 da Primeira Epístola aos Coríntios, que abre seu hino com as seguintes palavras: "Ainda que eu falasse as línguas dos homens e dos anjos, e não tivesse amor, seria como o metal que

Relatos e testemunhos 213

soa ou como o sino que tine...". E assim oramos juntos, versículo por versículo, esse louvor ao Ágape. Quando chegamos às palavras "O amor é sofredor, é benigno... ele não se irrita, não suspeita do mal...", perguntei de forma clara se isso realmente correspondia à verdade e se seu coração não estava cheio de ódio ou amargura contra os acusadores e juízes. A resposta foi firme e clara: "Não, o mal não deve ser pago com o mal e toda a amargura foi extinta". Diante de uma convicção tão claramente acentuada, pude conceder a absolvição com a consciência tranquila, e a ceia do amor e do perdão, que segundo os ensinamentos dos padres da igreja e de Lutero também é "um remédio contra a morte e pela imortalidade", pôde ser verdadeiramente celebrada de acordo com o espírito e a intenção de seu Criador. A cela dos pobres pecadores alargou-se e tornou-se um sagrado templo de Deus. Era como se ouvíssemos o som das asas dos anjos divinos que se preparavam para elevar as almas dos reconciliados filhos de Deus aos átrios da felicidade eterna. Quem morre assim, morre feliz — mesmo quando sua cabeça cai sob o machado do algoz.

O momento de despedida de Sophie, tão amável e corajosa quanto seu irmão, ocorreu de forma semelhante. Pela manhã, ela ainda havia exclamado, sem temor, diante do Tribunal do Povo: "O que nós escrevemos e dissemos é o que todos vocês pensam também, mas não têm coragem de dizer" — o que, por mais estranho que pareça, nem o procurador--geral do Reich contestou! Agora ela declarava lhe ser totalmente indiferente morrer decapitada ou enforcada. Sophie já havia escrito cartas de despedida, que nunca foram enviadas, a seus pais e a seu namorado, um capitão de 25 anos que, sem desconfiar de nada, estava em um hospital de campanha no *front* devido a um ferimento sofrido em Stalingrado. Sem derramar uma lágrima, ela também celebrou a Santa Ceia, até que o guarda bateu à porta e a conduziu para fora, no que ela enviou — de cabeça erguida e sem pestanejar — sua última saudação ao irmão profundamente amado, que a sucederia imediatamente.

A carta de despedida de Hans, que também não foi encaminhada, continha as seguintes frases:

"Meus amados pais!... Sinto-me muito forte e tranquilo. Ainda vou receber o Santo Sacramento e então morrerei feliz. Pedirei ao pastor que leia o Salmo 90 para mim. Agradeço por vocês terem me presenteado com uma vida tão rica. Deus está conosco. Seu grato filho Hans os cumprimenta pela última vez."

Ele escreveu isso *antes* de receber o sacramento. Depois, enquanto eu estava com Sophie, ele acrescentou:

"P. S.: Agora está tudo bem! Acabei de ouvir as palavras da Primeira Epístola aos Coríntios: ainda que eu falasse as línguas dos homens e dos anjos, e não tivesse amor, seria como o metal que soa ou como o sino que tine..."

Antes de deitar a cabeça no cepo, ele ainda exclamou em alta voz:

"*Viva a liberdade!*"

Assim morreram os irmãos Scholl.

Dois dias depois, ao anoitecer, ambos foram sepultados sob vigilância da Gestapo no cemitério fechado Friedhof am Perlacher Forst. Os cimos das montanhas Zugspitze luziam brancos como a neve em nossa direção, a esfera solar se pôs num vermelho incandescente. Não foi possível nem permitido dizer muito ao círculo familiar mais próximo. Fez-se alusão aos montes, "de onde nos vem o socorro" em todas as nossas necessidades, e ao *Sol* que nunca se põe, mas resplandece em força e consolo também nos mais tristes e sombrios corações.

Relatos e testemunhos

Dr. Siegfried Deisinger

Advogado de Munique, defensor de Alexander Schmorell.

Quando visitei Alexander Schmorell no dia de sua execução, na tarde de 13 de julho de 1943, para acompanhá-lo em seus últimos momentos no corredor da morte, encontrei uma pessoa que acabara de receber os últimos consolos de sua religião e já se distanciara das coisas terrenas. Inesquecíveis, as palavras que ele me disse, quase alegre: "O senhor deve estar admirado por eu estar tão tranquilo nesta hora. Mas posso dizer-lhe que mesmo que o senhor me dissesse agora que outra pessoa deveria morrer por mim — por exemplo, este guarda que teve que me vigiar — mesmo assim, eu escolheria a morte. Pois agora estou convencido de que a minha vida deve acabar nesta hora, por mais cedo que possa parecer, já que com meus atos cumpri a missão da minha vida. Eu não saberia o que mais eu teria para fazer neste mundo, ainda que eu fosse libertado agora".

[...]

E então veio o momento em que eu também, como defensor, tive que deixar a cela, visto que a hora da morte se aproximava e começavam os últimos preparativos para a execução da sentença. Forte e corajoso, Alexander Schmorell despediu-se de mim. Seu último cumprimento dirigiu-se a seus familiares. Suas palavras estavam carregadas do profundo e autêntico amor filial e fraternal que ele nutria.

Dirigi-me à sala da prisão em que a comissão do tribunal costumava se reunir antes da execução de uma sentença. A execução fora marcada para as 17 horas. Mais ou menos quinze minutos antes, para surpresa geral, apareceram três oficiais da SS com patente de Tenente-Coronel e de Major, e apresentaram uma autorização escrita do procurador-regional de justiça e da Gestapo para poderem assistir, a seu próprio pedido, à execução da sentença. Essa autorização foi uma exceção absoluta, visto que, a princípio, era rigorosamente proibida a presença de terceiros numa execução, mesmo de funcionários da prisão. Permanecerá inesquecível, para mim, o diálogo que esses oficiais da SS mantiveram com o médico da prisão, que também integrava a comissão do tribunal. Pois conversaram sobre o momento exato em que a morte por enforcamento ocorre numa execução e sobre as possibilidades de retardá-la ou acelerar a morte propositalmente. Por sinal, eles esperavam que essa execução também fosse efetuada por enforcamento e provavelmente ficaram decepcionados ao saber que não era o caso. Outro aspecto marcante foi que a execução da sentença precisou ser atrasada porque, antes, o diretor do presídio, já na sala de execução, ainda considerou necessário fazer um discurso aos três oficiais da SS, junto com o carrasco, sobre a idade, a instalação e o funcionamento da máquina de execução. Foram minutos terríveis para mim, que acabara de estar no corredor da morte com um dos condenados: de um lado, o idealismo e a grandeza moral de uma jovem vida humana que estava pronta para morrer por seus ideais em poucos instantes e, do outro lado, o apetite cruel da sub-humanidade ao avistar uma vítima indefesa.

E, então, Alexander Schmorell deu seus últimos passos. Quando o promotor de Justiça encarregado perguntou se ele era Alexander Schmorell, sua resposta afirmativa ressoou firme e alto na sala sombria de execução. Lançou um último olhar para mim, como de despedida, e, poucos segundos mais tarde, Alexander Schmorell não existia mais.

Profundamente abalado, deixei a sala. Quando voltei ao corredor da prisão, passei pela cela do professor Dr. Huber. Ele era o próximo sacrifício a ser feito ao demônio-Hitler. E ele também foi conduzido de sua cela, depois de gritar ao capelão do presídio uma última saudação de esperança por um reencontro em um mundo diferente e melhor. O capelão dirigiu-se à janela do corredor, a partir da qual se podia olhar para o pequeno prédio que ficava à frente, onde se encontrava a sala de execução. Logo após, ressoou um golpe abafado. Sabíamos que também o professor Dr. Huber tinha sacrificado sua vida pela liberdade. O capelão do presídio fez o sinal da cruz, dando bênçãos em direção à sala da morte. Depois, trocamos um aperto de mão, mudos, e deixei essa horrível casa do horror para comunicar aos pais de Alexander Schmorell a morte de seu filho.

Reações e manifestações de apoio

JORNAL *MÜNCHNER NEUESTE NACHRICHTEN*
DTNACHRICHTEN

Sentenças de morte por planos de alta traição

LPM. Em 22 de fevereiro de 1943, na sala do tribunal do júri do Palácio de Justiça, o Tribunal do Povo condenou à morte e à perda dos direitos civis Hans Scholl, de 24 anos, Sophie Scholl, de 21 anos, ambos residentes em Munique, e Christoph Probst, de 23 anos, residente em Aldrans, próximo a Innsbruck, por planos de alta traição e favorecimento do inimigo. A sentença foi executada no mesmo dia.

Como individualistas típicos, os condenados haviam violado a força militar e o espírito de resistência do povo alemão de forma descarada, através da pichação de casas com incitações subversivas ao Estado e através da preparação de panfletos de alta traição. Tendo em vista a luta heroica do povo alemão, sujeitos tão depravados como estes não merecem outra coisa senão a morte imediata e desonrosa.

Fevereiro de 1943

Thomas Mann, "Ouvintes alemães!", discurso radiofônico proferido em 27 de julho de 1943[5]

Nós, europeus, mesmo quando estamos a ponto de obter a cidadania no Novo Mundo, queremos nos sentir orgulhosos de nossa velha Europa. É um continente realmente admirável! Seria muito mais fácil e confortável para seus povos conformar-se com a infame "Nova Ordem" de Hitler, entregar-se à escravidão, colaborar com a "Alemanha dos nazis", como agora é chamada. Mas isso eles não fizeram.

Os anos repletos do mais brutal terror, de martírio e execuções, não foram suficientes para quebrar sua resistência. Ao contrário, eles a tornaram ainda mais forte, e a "Europa unida para a defesa de seus bens sagrados contra a invasão dos estrangeiros" é a mais miserável das mentiras nazistas. Os estrangeiros, contra os quais os bens sagrados deviam ser protegidos, são eles, os nazistas, e ninguém mais. Apenas uma parte pequena e corrupta da classe superior, uma corja de traidores para quem nada é mais sagrado que o dinheiro e as vantagens, trabalha com eles. Os povos se negam a isso,

---

[5] Durante a guerra, o escritor Thomas Mann fez uma série de discursos radiofônicos antinazistas intitulada "Ouvintes alemães!". Os discursos eram gravados nos Estados Unidos, onde o escritor se exilara, e enviados para a Grã-Bretanha, onde a BBC os transmitia, esperando alcançar os ouvintes na Alemanha. O texto aqui citado é um excerto do discurso de 27 de julho de 1943, publicado no livro *Ouvintes alemães! — Discursos contra Hitler (1940-1945)*, da editora Zahar, que gentilmente autorizou a sua reprodução.

e quanto mais evidente se mostra a vitória dos Aliados, mais cresce sua revolta contra o que lhes parece insuportável.

Sete milhões de pessoas foram deportadas para campos de trabalhos forçados, cerca de um milhão foram executadas ou assassinadas e 10 mil suportam o inferno dos campos de concentração. Isso de nada adianta — a luta desigual e heroica continua.

Sabem vocês, alemães, que foram mortos pelo menos 150 mil homens das tropas alemãs e italianas nos países ocupados? Sabem que pelo menos 250 *quisling* — é esse agora o substantivo coletivo para os nativos que colaboram com Hitler — foram mortos nos países da Europa? Através da sabotagem, a produção de guerra para o Eixo em muitas regiões foi reduzida em 30%. É esse o trabalho de organizações clandestinas que, anônimas, inglórias, dão a vida para ajudar na fuga de presos, na destruição de material de guerra e, através de publicações ilegais, na manutenção do espírito de resistência do povo — jornais cuja tiragem chega às vezes a 100 mil exemplares.

Por isso digo: honrados sejam os povos da Europa! E ainda acrescento algo que, nesse momento, pode soar estranho a muitos dos que me ouvem: honrado seja o povo alemão, e digno de nossa compaixão! A teoria de que entre ele e o nazismo não se pode estabelecer diferença, de que alemão e nacional-socialista são uma e a mesma coisa, é por vezes defendida nos países aliados com algum espírito; mas ela é insustentável e não consegue se impor. Muitos fatos falam contra isso: a Alemanha se defendeu e continua a se defender, tão bem quanto os outros. O que acontece clandestinamente agora nos países subjugados é mais ou menos uma repetição do que aconteceu na Alemanha há dez anos e utiliza em parte as experiências dos ilegais alemães.

Quem conhece o número daqueles que, no Estado de Himmler, pagaram seu idealismo, sua fé inabalável na justiça e na liberdade com o martírio e a morte? Com a eclosão da guerra, havia na Alemanha 200 mil prisioneiros políticos, e na imprensa alemã crescia sem parar a publicação de sentenças de morte e penas de prisão por alta traição, sabotagem etc. — e esses são apenas os casos conhecidos e aqueles que foram apanhados. Essa é a Alemanha que segue unida o seu líder!

Neste verão, o mundo se comoveu profundamente com os acontecimentos na Universidade de Munique, cujas notícias nos chegaram pelos jornais suíços e suecos, primeiro sem muita clareza, e logo com detalhes cada vez mais impactantes. Sabemos agora de Hans Scholl, o sobrevivente de Stalingrado,[6] e de sua irmã, de Christoph Probst, do professor Huber e de todos os outros; da revolta dos estudantes na Páscoa contra o discurso obsceno de um bonzo nazista no *auditorium maximum*,[7] de seu martírio, dos panfletos que eles distribuíam e nos quais há palavras que reparam muito daquilo que em certos anos infelizes foi cometido nas universidades alemãs contra o espírito de liberdade alemão. Sim, foi aflitiva essa predisposição da juventude alemã — justamente da juventude — para a revolução mentirosa do nacional-socialismo. Agora seus olhos se abriram e por isso eles põem a cabeça jovem sobre o cepo do carrasco, para a glória da Alemanha — colocam-na aí depois de dizer na cara dos juízes nazistas: "Logo vocês estarão aqui, onde agora estou"; depois de testemunhar diante da morte: "Nasce uma nova fé na liberdade e na honra!".

---

[6] Na verdade, Hans Scholl não esteve em Stalingrado; ele foi soldado-enfermeiro em outro lugar do *front*. Talvez Hans tenha sido confundido aqui com Fritz Hartnagel, o namorado de Sophie. (N. da E.)

[7] Referência ao protesto de estudantes universitários durante um discurso do chefe de distrito Gießler em janeiro de 1943 e à distribuição dos panfletos pelos irmãos Scholl em 18/2/1943. (N. da E.)

Corajosa e magnífica juventude! Vocês não terão morrido em vão, não serão esquecidos. Os nazistas erigiram monumentos para arruaceiros imundos e criminosos comuns — a revolução alemã, a verdadeira, vai derrubá-los e eternizará em seu lugar o nome daqueles que, quando a noite ainda cobria a Europa e a Alemanha, anunciaram: "Nasce uma nova fé na liberdade e na honra!".

Panfleto do "Comitê Nacional por uma Alemanha Livre"

Organização de soldados alemães prisioneiros de guerra na Rússia.

Bandeiras a meio mastro sobre as sepulturas frescas de alemães combatentes pela liberdade!

Há pouco, recebemos a pavorosa notícia da execução de três jovens alemães em Munique, no fim de fevereiro — Christoph Probst e os irmãos Hans e Sophie Scholl.

Os três faziam parte dos nobres e corajosos representantes da juventude alemã que não queriam mais assistir, irrefletidamente, ao pavoroso sofrimento de sua pátria, numa submissão obstinada.

Eram estudantes da Universidade de Munique; Hans Scholl havia voltado há poucos meses do *front* oriental com uma permissão para estudar. Ele havia sido um soldado corajoso: recebeu o distintivo por ferimento em combate, a cruz de ferro de segunda classe e a medalha do *front* oriental.[8]

Liderados por Hans Scholl, os estudantes de Munique foram os primeiros a levantar publicamente a bandeira da liberdade. Eles distribuíam panfletos e organizavam manifestações[9] impressionantes contra o terror da Gestapo e a ma-

---

[8] Hans Scholl não possuía essa medalha e também não teria aceito essa condecoração. (N. da E.)

[9] Eles não organizavam manifestações. (N. da E.)

nipulação das massas. Contra a Mobilização Total, que representa o total depauperamento do povo alemão. Contra os glutões e perdulários valentões de retaguarda da SS, SA e da bonzocracia hitlerista. Contra incitadores e perpetuadores da guerra que, por insaciável cobiça ou obstinada e fanática lealdade a Hitler, fazem milhões de alemães sangrarem até a morte. Contra todo o arbitrário regimento hitlerista que, ávido por dominar o mundo e escravizar os povos, condenou a Alemanha ao incomensurável sofrimento da Guerra Total, aos ataques aéreos em massa, à ruína e à miséria. Contra o manipulador de povos e alucinado Também-General Hitler que, através de sua política imperialista, da perseguição racial e do terrorismo sangrento nas regiões ocupadas, atraiu o ódio dos povos sobre a Alemanha, que arruína e corrói a família, a comunidade camponesa e a classe média alemãs, que provoca uma inundação de estrangeiros na Alemanha e que consome e mina os fundamentos da existência e do desenvolvimento da nação alemã.

Eram essas as palavras de ordem dos manifestos juvenis[10] de Munique em 1943.

Essas manifestações foram aniquiladas pela SS, vários estudantes foram presos, tratados com brutalidade e postos diante do Tribunal de Guerra.[11]

Eles foram acusados de serem "parasitas do Povo" e "comunistas".

"Não sou comunista, sou alemão", disse Hans Scholl diante do tribunal.

E foi como alemão, como soldado combatente, como um homem que se preocupa com o destino de sua pátria e de

---

[10] Referência aos panfletos. (N. da E.)

[11] Em janeiro de 1943 havia ocorrido um protesto espontâneo dos estudantes durante um comício do chefe de distrito Gießler. (N. da E.)

Reações e manifestações de apoio

seu povo que o jovem e corajoso defensor da liberdade enfrentou bravamente seus juízes, sem temer a morte.

"Vocês podem me executar, mas chegará o dia em que serão vocês os julgados. O povo, a pátria alemã irá julgá-los."

A lâmina da guilhotina hitlerista voou veloz três vezes e três jovens cabeças rolaram do cepo.

Três heróis morreram, mas seu espírito, seu amor e seu ódio, sua luta pela paz e pela liberdade da Alemanha continuam vivos em milhares e milhares de jovens corações alemães...

Imortal é a glória dos destemidos!

Virá o dia em que Ulm, a cidade natal dos irmãos Scholl, e Munique, a cidade onde eles combateram e morreram, irão inaugurar monumentos em sinal de agradecimento e veneração a seus heróis.

"A esperança da Alemanha são os jovens!", disse Hans Scholl em seu último discurso.[12]

"Agora, assim como outrora na guerra pela independência em 1813-1814, a juventude alemã deve salvar sua pátria de uma tirania nociva, da ignomínia, da miséria e da exploração da guerra" [...]

Jovens soldados alemães!

Ouçam o alerta dos heróis da liberdade que vem da distante Munique. É sua pátria infeliz que fala através dele.

Os piores inimigos e corruptores da Alemanha estão bem atrás de vocês e lhes dão ordens e os lançam à luta fatídica e suicida!

Reconheçam a verdade, reconheçam o verdadeiro inimigo! Só vocês podem salvar o povo e a pátria da ruína e da miséria.

---

[12] Referência ao sexto panfleto. (N. da E.)

Oficiais e soldados!

Não se deixem mais liderar por palavras de ordem incendiárias e mentirosas, mas apenas pela própria razão, consciência e amor à pátria.

Por uma Alemanha livre e pacífica!

Pela preservação e pelo bem-estar do povo alemão, da família alemã!

Lutem contra a guerra de Hitler e contra o terror de Himmler!

Lutem contra os lucros de guerra de Göring e Krupp e contra as mentiras de Ley e Goebbels!

Lutem contra o ódio entre os povos e contra a Guerra Total!

Acabem com a guerra! Derrubem Hitler!

Juventude alemã, desperte!

Reações e manifestações de apoio

Kurt R. Grossmann

Advogado, emigrante alemão em Nova York. Carta a Inge Scholl.

Em Nova York, existia uma organização chamada Amigos Americanos da Alemanha. Os fundadores eram emigrantes políticos que pertenciam ao grupo socialista Novo Início. Eles divulgavam material sobre a perseguição de militantes da resistência política, sobre processos, tentavam analisar a situação política e manter os liberais americanos a par dos acontecimentos. Eu sempre ia ao seu escritório, pegava material e livros emprestados e falava com Paul Hagen, o líder intelectual. Um dia, ele me falou da tragédia que se abateu sobre os irmãos da senhora, Sophie e Hans Scholl, do processo e da sentença de morte. Nesse meio-tempo, a senhora descreveu as ações de seus irmãos em seu instigante livro *Six against Tyranny*, e eles se tornaram figuras históricas. Hagen contou-me que estava planejado um ato de protesto no Hunter College... Duas ou três semanas depois, minha esposa e eu participamos desse ato, que é inesquecível por vários motivos. Centenas e centenas de nova-iorquinos foram prestar homenagem às seis vítimas heroicas da "outra Alemanha". Seus nomes não lhes diziam muita coisa, mas seus atos, sim. Seu sacrifício provou que Hitler não era o Führer de todos os alemães; havia resistência, e a morte trágica daquelas pessoas era um raio de esperança para o futuro. Dois dos oradores eram grandes personalidades. A primeira-dama do país, Eleanor Roosevelt, esposa do presidente, falou — e demonstrou, na época, aquilo que me escreveu mais tarde: eu amo os alemães, especialmente aqueles que lutam contra o nacional-socialismo, mas eu odeio e desprezo os nazistas. Seu discurso foi comovente e teve grande significado político. A outra oradora foi Anna Hedgeman, uma das líderes negras que mais tarde ocupou um cargo de chefia na administração municipal de Nova York, sob a gestão de Robert F. Wagner. Ela falou e clamou em nome de todas as pessoas oprimidas e acusou os opressores. Como Eleanor Roosevelt, ela estendeu sua mão aos corajosos militantes da resistência. Foi uma noite comovente, instigante, enfim, inesquecível.

22 de fevereiro de 1969

Bispo Eivind Berggrav

Figura-chave da resistência norueguesa em Oslo.

[...] Numa noite, algumas semanas depois do drama de Munique, me encontrei com o conde Helmuth von Moltke em Oslo para traduzir um relato sobre Munique para o inglês. Eu estava completamente disfarçado, pois naquela época era prisioneiro e havia saído furtivamente — o que foi possível porque os guardas matavam o serviço à noite. O texto iria para Londres via Estocolmo. O relato de Moltke era profundamente comovente...

ANEXOS

25

Geheime Staatspolizei
Staatspolizeileitstelle München
B.Nr.   13226/43 II A/Sondk.

München, den 21. Febr.1943.

P r o b s t Christoph aus der Pol.Haft vorgeführt
und zum Text seines Manuskripts befragt, erklärt folgen-
des:
      Auf Grund der mir vorgelegten Unterlagen - Maschinen-
schriftübersetzung - und Photokopie des Originals, bin
ich in der Lage die Lücken wie folgt zu ergänzen:
      Stalingrad!
      200000 deutsche Brüder wurden geopfert für das Pre-
stige eines militärischen Hochstplers. Die menschlichen
Kapitulationsbedingungen der Russen wurden den geopferten
Soldaten verheimlicht. General Paulus erhielt für diesen
Massenmord das Eichenlaub. Hohe Offiziere haben sich
im Flugzeug aus der So lacht von Stalingrad gerettet.
Hitler verbot den Eingekesselten sich zu den rückwärtigen
Truppen zurückzuziehen. Nun klagt der Blut von 200 000
xxxx dem Tod geweihten Soldaten den Mörder Hitler an.
Tripolis! Es ergab sich bedingungslos der 8. englischen
Armee. Und was taten die Engländer, sie liessen das
Leben der Bürger in den gewohnten Geleisen weiter laufen.
Belassen sogar Polizei und Beamte in ihren Stellen.
Nur eines machten sie gründlich, sie säuberten die grösste
italienische Kolonialstadt von allen falschen Rädelsfüh-
rern und Untermenschen. Mit tödlicher Sicherheit kommt
die vernichtende, erdrückende Übermacht von allen Seiten
herein. Viel weniger als Paulus kapitulierte, wird Hitler kapitulieren. Gäbe es doch für ihn dann kein Ent-
kommen mehr. Und wollt Ihr Euch genau so belügen lassen
wie die 200000 Mann, die Staligrad auf verlorenem Posten
verteidigten? dass ihr masserkriert, sterilisiert oder Eu-
rer Kinder beraubt werdet? Roosevelt, der mächtigste Mann
der Welt, sagt am 26. Januar 1943 in Casablanca: Unser Ver-
nichtungskampf richtet sich nicht gegen die Völker, son-
dern gegen die politischen Systeme. Wir kämpfen bis zur
bedingungslosen Kapitulation. Bedarf es da noch eines
Nachdenkens um die Entscheidung zu fällen. (Folgenden

Satz kann ich nur noch dem Sinne nach feststellen:)
Es handelt sich nunmehr um Millionen Menschenleben.
Soll Deutschland das Schicksal von Tripolis erfahren.?
Der Text folgt jetzt wieder einwandfrei im Original
weiter:
Heute ist ganz Deutschland eingekesselt wie es Stalingrad war. Soll dem Sendboten des Hasses und des Ver-
nichtungswillens alle Deutschen geopfert werden! Ihm
der die Juden zu Tode marterte, die Hälfte der Polen
ausrottete, Russland vernichten wollte, ihm der Euch
Freiheit, Frieden, Familienglück, Hoffnung und Frohsinn
nahm und dafür Inflationsgeld gab. Das soll, das darf
nicht sein! Hitler und sein Regime muss fallen, damit Deutschland weiter lebt. Entscheidet Euch, Stalingrad und der Untergang, oder Tripolis und die hoffnungs -
volle Zukunft. Und wenn Ihr Euch entschieden habt, dann
handelt.

Ich habe mich bemüht, den Text in seinem Ursprung
so lückenlos als möglich wiederzugeben. Eine weitere
Erklärung will ich dazu nicht mehr anführen.

Aufgenommen: gez. Christoph Probst
                                  ....
gez.Geith.
Krim.Sekr.

As duas páginas do documento da Gestapo, de 21/2/1943,
com a transcrição do rascunho do sétimo panfleto da Rosa Branca,
apreendido antes de ser impresso [pp. 231-2].

RASCUNHO DO SÉTIMO PANFLETO DA ROSA BRANCA
POR CHRISTOPH PROBST[13]

Stalingrado!
Duzentos mil irmãos alemães sacrificados pelo prestígio
de um vigarista militar. Ocultaram dos soldados sacrificados
as condições humanas de capitulação oferecidas pelos russos.
Por esse assassinato em massa, o general Paulus foi condecorado com as folhas de carvalho. Em aviões, oficiais de alta
patente salvaram-se da batalha de Stalingrado. Hitler proibiu
os combatentes encurralados de recuarem em direção às tropas de retaguarda. Agora, o sangue de 200 mil soldados
entregues à morte denuncia o assassino Hitler. Trípoli! Ren-
deu-se incondicionalmente ao 8º exército inglês. E o que fizeram os ingleses? Deixaram a vida dos cidadãos seguir seu
curso habitual. Mantiveram até mesmo os policiais e funcionários públicos em seus postos. Eles só foram realmente mi-
nuciosos quando livraram a maior cidade de colonização
italiana de todos os falsos chefões e sub-homens. Com uma
determinação fatal, a prepotência aniquiladora e esmagado-
ra chega por todos os lados. Paulus não capitulou e tampouco Hitler capitulará. Pois então não haveria para ele nenhuma saída. E vocês querem se deixar enganar como os 200 mil
soldados que defenderam Stalingrado sem qualquer chance
de vitória? Sendo massacrados, esterilizados ou tendo seus
filhos roubados de vocês? Em 26 de fevereiro de 1943, Roosevelt, o homem mais poderoso do mundo, disse em Casablanca: "nossa luta de extermínio não se volta contra os
povos, mas sim contra os sistemas políticos. Lutaremos até

[13] Texto reconstituído.

a capitulação incondicional". E ainda é preciso refletir antes de tomar a decisão? Agora estão em jogo milhões de vidas humanas. A Alemanha deve experimentar o mesmo destino de Trípoli?

Hoje, a Alemanha inteira está cercada, como esteve Stalingrado. Todos os alemães serão sacrificados ao mensageiro do ódio e do desejo de extermínio! A ele, que martirizou os judeus até a morte, que exterminou metade dos poloneses, que queria aniquilar a Rússia; a ele, que tirou de vocês a liberdade, a paz, a felicidade familiar, a esperança e a alegria, e que em troca deu-lhes dinheiro inflacionado. Isso não deve, isso não pode ser assim! Hitler e seu regime precisam cair para que a Alemanha continue a viver. Decidam-se: Stalingrado e a ruína ou Trípoli e o futuro repleto de esperança? E quando tiverem decidido, então ajam.

Discurso de defesa diante do Tribunal do Povo
por Kurt Huber[14]

Devo enfatizar que a própria denúncia indicou o cerne de minha atuação de forma bastante exata. Na mansão Schmorell — o texto assevera —, eu frisei que o NSDAP está se orientando cada vez mais para a esquerda. Nenhum amigo da nossa pátria que tenha observado e acompanhado de perto, ao longo da última década, o movimento ideológico do partido de forma tão rigorosa e meticulosa como eu, pode contestar seriamente a existência desse movimento para a esquerda. Mas invoco o senhor presidente da Academia Bávara de Ciências, Prof. Dr. K. A. v. Müller, como testemunha de que eu já previa esse movimento para a esquerda há muito tempo e de que me dedicava constantemente à questão de como impedir e reverter o avanço nessa direção. Tive a oportunidade de lhe expor, em várias conversas particulares, minhas dúvidas e observações a esse respeito. Sei que grande parte dos antigos nacional-socialistas partilhava das mesmas dúvidas que eu. Por isso, até hoje mantenho integralmente o teor da minha fala na mansão Schmorell.

Mas eu também estava plenamente ciente de que impedir essa guinada para a esquerda era o imperativo supremo daquele momento. No fundo, toda propaganda de imprensa contra o bolchevismo é enganosa se a crescente bolchevização do Estado e do povo alemão não for impedida com todos os recursos legítimos. O único meio que me restava era assumir

---

[14] Cf. Wolfgang Huber, *Kurt Huber vor dem Volksgerichtshof: Zum zweiten Prozess gegen die Weiße Rose*, Essen, Die Blaue Eule, 2009.

uma atitude aberta e pública de recusa, *de refutação, não de resistência.*

Como cidadão alemão, como professor universitário alemão e como pessoa política, julgo ser não só um direito, mas um dever moral contribuir ativamente para a realização política do destino alemão e também revelar e combater erros evidentes. Creio falar em nome de todos os jovens universitários, réus diante deste Tribunal, ao afirmar: o objetivo moral de nossas ações era a luta contra o *bolchevismo interno* que se propaga de maneira cada vez mais amedrontadora no Estado nacional-socialista de hoje. O mais alto dever patriótico é sacudir o sono das consciências, de todas as maneiras possíveis, fazê-las perceber a inversão de uma ordem jurídica não escrita e válida para todos.

Em resumo: meu objetivo era despertar os círculos estudantis, não através de uma organização, mas através da simples palavra; não para incitá-los a atos de violência, mas para fazê-los reconhecer, do ponto de vista moral, os graves erros existentes na vida política. O retorno a princípios morais claros, ao estado de direito, à confiança mútua entre as pessoas — *nada disso é ilegal*, muito pelo contrário, é *o restabelecimento da legalidade.* Eu me perguntei, guiado pelo imperativo categórico de Kant, o que aconteceria se essa máxima subjetiva da minha ação se tornasse uma lei universal. Só pode existir *uma* resposta! Regressariam então a ordem, a segurança e a confiança no nosso Estado, na nossa vida política. Toda pessoa de atitude moral ergueria conosco sua voz contra a dominação iminente do mero poder sobre o direito, da mera arbitrariedade sobre a vontade do Bem moral. Retomaríamos algumas das reivindicações que o partido chegou a formular acertadamente, há apenas dez anos. No decorrer dos anos, tais reivindicações não só não foram atendidas, como se converteram em seu oposto. Não só a reivindicação da livre autodeterminação dos grupos, por menores que sejam, tem sido violada em toda a Europa; mas também a exigência de preservar as especificidades de cada raça e povo.

A exigência fundamental de uma verdadeira Comunidade do Povo tem sido minada pela destruição sistemática da confiança entre as pessoas. Não há juízo mais terrível a respeito da comunidade de um povo do que a confissão — que todos nós temos que fazer — de que ninguém mais se sente a salvo do seu próximo; nem mesmo um pai se sente a salvo de seus filhos.

Era isso o que eu queria, o que eu precisava fazer.

Para toda legalidade exterior há um limite último a partir do qual ela se torna falsa e imoral. É o que acontece quando ela encobre uma covardia que não ousa se posicionar contra a evidente violação do direito. Um Estado que impede toda e qualquer forma de liberdade de expressão e toda, absolutamente toda crítica legítima do ponto de vista moral, e prevê as mais terríveis punições para qualquer proposta de melhoria, classificando-a de "planos de alta traição", viola um direito alemão, germânico, não escrito, que ainda estava vivo na "sensibilidade natural do povo" e que vivo deve permanecer.

Peço, suplico, neste momento, que os senhores julguem estes jovens réus no verdadeiro sentido literal de "direito criador", que não deixem a voz impositiva do poder falar mais alto, mas sim a clara voz da consciência que fixa o olhar na *convicção ideal* que está na origem dos seus atos. E essa convicção era certamente a mais desprendida, a mais ideal que se possa imaginar: aspirar pela absoluta conformidade com o direito, pela integridade, pela veracidade na vida do Estado. Quanto a mim, considero que o imperativo supremo deste momento é que eu advirta para a necessidade de *retomar* os únicos fundamentos duradouros de um estado de direito, de *retornar* ao verdadeiro Estado germânico com uma forte liderança; ignorar esta advertência só terá como

Discurso de defesa diante do Tribunal do Povo

consequência a derrocada do espírito alemão e, em última instância, do próprio povo alemão.

Atingi o objetivo que me propus: apresentar esta advertência e este alerta não em um pequeno círculo privado de discussão, mas à instância competente, à suprema instância judicial. Pedi em vão para apresentá-los ao Führer em pessoa. Por essa advertência, por esse suplicante pedido de retorno, estou colocando minha vida em risco. Exijo que se devolva a liberdade ao nosso povo alemão. Não queremos passar nossa breve vida como escravos presos em correntes, nem mesmo nas correntes douradas da fartura material.

Deixo, em pobreza e luto, uma mulher arruinada e dois filhos infelizes. Espero que, pelo menos, concedam à minha pobre família um meio de subsistência que esteja à altura do meu cargo de professor universitário. Os senhores subtraíram de mim o digno posto, os direitos de docente universitário e o título de doutor, conquistado com a nota máxima, e me equipararam ao mais baixo dos criminosos. Nenhum processo que me acuse de alta traição pode me roubar a dignidade pessoal de professor, de pessoa que professa corajosamente sua visão de mundo e de Estado. Minhas ações e minhas intenções serão justificadas pelo curso irrefreável da História; minha confiança nisso é inabalável. Espero em Deus que as forças que legitimam esta ação judicial se afastem de meu povo a tempo. Agi como tive que agir, seguindo uma voz interior. Arco com as consequências conforme as belas palavras de Johann Gottlieb Fichte:

> *E deves agir como se*
> *só de ti e de tua ação dependesse*
> *o destino das coisas alemãs,*
> *e só tua fosse a responsabilidade.*

19 de abril de 1943

A Rosa Branca no contexto da resistência alemã durante o "Terceiro Reich"

Rainer Hudemann[15]

Muitas pessoas surpreendem-se por não ter havido uma resistência mais ampla e eficaz contra o nacional-socialismo. A história da Rosa Branca fornece algumas pistas para iluminar essa questão extremamente complexa.

O livro de Inge Scholl é um testemunho de época que nos permite compreender melhor tanto a história da Rosa Branca e da resistência juvenil durante o "Terceiro Reich" quanto a forma de lidar com a resistência durante os quinze anos que se seguiram ao final da guerra, na Alemanha Ocidental e no mundo ocidental.[16] É nesse contexto, no qual a tese dos aliados sobre a culpa coletiva do povo alemão exerceu papel fundamental, que se inserem livros como o de Inge Scholl, elaborado entre 1947 e 1952. Mesmo em 2013, um professor da Universidade de Paris-Sorbonne pode constatar que, dentre os diferentes temas relacionados ao "Terceiro Reich", o que suscita maior interesse dos alunos é a resistência alemã, pois a maioria deles nunca ou pouco ouviu falar do assunto antes de iniciar seus estudos acadêmicos.

---

[15] Professor da Universität des Saarlandes (Alemanha) e da Université Paris-Sorbonne.

[16] Na ex-Alemanha Oriental, a primeira publicação do livro data de 1986.

Posfácio à edição brasileira

Ascensão do nazismo
e contexto da resistência
durante o "Terceiro Reich"

O grupo da Rosa Branca, que se encontrava em Munique informalmente, em diferentes constelações, e que mantinha contatos em outras cidades, reunia estudantes universitários que não necessariamente se opuseram ao regime desde o seu início. Mesmo assim, durante a guerra, eles assumiram posturas que logo se tornaram conhecidas fora da Alemanha e possuíam plena consciência do risco de vida que elas representavam. Vários desses estudantes caíram na engrenagem do extermínio perpetrado pelo regime nacional-socialista, que se tornava cada vez mais radical entre 1933 e 1945, e acabaram pagando com a própria vida. Em 1933, a maioria deles tinha entre 12 e 16 anos.

Em janeiro de 1933, em consequência de uma deterioração progressiva, a partir de 1930, dos mecanismos de controle do Estado constitucional democrático, um pequeno grupo composto por membros das elites conservadoras logrou pressionar o Presidente alemão Hindenburg — que estava plenamente ciente do perigo desse ato — a entregar o cargo de Chanceler do Reich a Adolf Hitler. Em outras palavras: ao líder do Partido Nacional-Socialista dos Trabalhadores Alemães (NSDAP), um partido que nunca estivera em condições de conquistar a maioria dos votos — nem mesmo em 5 de março de 1933, com a ditadura já instaurada. Além disso, o partido nazista já havia perdido cerca de dois milhões de votos entre as eleições parlamentares de julho e de novembro de 1932 e estava financeiramente à beira da ruína. O aparato de propaganda de Hitler rapidamente declarou a nomeação como uma "tomada de poder" que era atribuída à dinâmica do "movimento nacional-socialista". Mas nada disso era verdade.

De fato, o regime logo desenvolveu essa suposta dinâmica, mas num sentido totalmente diferente. Hindenburg imediatamente autorizou Hitler a dissolver o parlamento (Reichstag) com o objetivo de organizar novas eleições, o que anteriormente havia negado ao general von Schleicher, predecessor do chanceler. A dialética eficientíssima de violência explícita, nas ruas, das tropas de combate da SA, ligadas ao partido nazista, e uma política de ordem pública vinda dos altos escalões do governo, com a suposta missão de combater essa violência, desencadearam uma onda arrasadora de medidas pseudo-legais ou evidentemente ilegais. O objetivo era a destruição completa da Constituição da República de Weimar — juridicamente nunca revogada — e da ordem política na Alemanha. Além da proliferação de centenas de campos ilegais nas mais diversas localidades, a partir de março de 1933 foram instalados campos de concentração de forma pública e ostensiva: os primeiros em Dachau, perto de Munique, e em pleno centro da cidade de Oranienburg, perto de Berlim. Mais tarde, este último foi ampliado e transferido para os arredores da cidade, com o nome de KZ Sachsenhausen. O conceito de campo de concentração fora difundido desde a prisão dos bôeres na África do Sul pela administração britânica em 1901, durante a Guerra dos Bôeres. Num primeiro momento, não era um conceito especificamente nacional-socialista. O terror do partido, que rapidamente se transformou em terror do Estado, logo se tornou onipresente.

Recorrendo ao conceito de "Terceiro Reich", Hitler pleiteou imediatamente o direito de ser o cumpridor da História da Alemanha depois da queda do Sacro Império Romano-Germânico, em 1806, e do Império Alemão, em 1918. Tal explicação para o sucesso dos nacional-socialistas, a qual pretendia se fundamentar em tradições alemãs, foi se consolidando em alguns âmbitos da ciência e, sobretudo, numa

Posfácio à edição brasileira   241

visão bastante difundida fora da Alemanha. Porém, quase não foi discutido o fato de o conceito ter se originado no próprio cerne da propaganda nacional-socialista: sua consolidação até os dias de hoje pode ser classificada como um legado indireto dos nazistas, apesar de sua derrota em 1945.

Os eventos de 1933 foram vistos de duas maneiras totalmente opostas — ou como catástrofe ou como "revolução nacional", para usar as palavras de Hitler. Em todos os agrupamentos políticos, não somente entre liberais, social-democratas e comunistas, muitos reconheceram o perigo do desmantelamento fulminante da Constituição, da cultura política e dos direitos fundamentais, apesar de, em 1933, o partido comunista ainda ter prosseguido sua luta desastrosa contra a liderança dos social-democratas, já iniciada na fase final da República de Weimar.

Até sua derrocada, os dirigentes nacional-socialistas não estavam em condições de definir claramente quem deveria ser classificado como "judeu", já que o conceito de raça que eles pregavam não passava de uma construção fictícia. Por tal motivo, recorreram à definição através da confissão religiosa — por exemplo, no 1º decreto de execução das "Leis de Nuremberg" de 1935, aparentemente tão claras. Porém, a definição de "judeu", em constante processo de transformação e radicalização, tornava-se cada vez mais perigosa para este grupo. A exclusão dos cidadãos judeus da sociedade tornou-se evidente e foi imediatamente colocada em prática a partir do dia 1º de abril de 1933, por exemplo, com a perda do trabalho e dos direitos de aposentadoria, que logo afetou um terço dos professores universitários, e com as ameaças violentas contra consultórios médicos e comércios. Foi o início de mais de setecentos decretos e leis. Durante os doze anos seguintes, o regime atormentou cada vez mais a vida dos cidadãos judeus e provocou um sofrimento terrível, que culminou em mortes cruéis para a maioria daqueles que não podiam ou não queriam fugir para o exterior ou que não foram escondidos por outras pessoas. Mais tarde, a Rosa Branca viria a condenar tanto esses crimes quanto a morte inútil, do ponto de vista militar, de centenas de milhares de soldados alemães na Europa oriental.

Ao mesmo tempo, Hitler conseguiu apresentar-se como defensor da segurança pública. No dia 30 de junho de 1934, coordenou pessoalmente o assalto à liderança da SA, que exigia uma "segunda revolução" e, portanto, estava se transformando numa concorrência. A ofensiva assassina que, entre outros, também vitimou o general von Schleicher e sua esposa, foi legitimada pelo renomado jurista Carl Schmitt. Para alguns, a medida foi a prova de uma escalada da violência cada vez mais acentuada, mas, para outros, foi o sinal de uma "política de segurança pública" para combater a violência nas ruas.

Antes dos Jogos Olímpicos de Berlim, em 1936, a onda de violência contra os cidadãos judeus parecia ter recuado. Os judeus europeus — sobretudo, na Europa oriental — haviam sido alvo de uma grande quantidade de *pogroms* desde a Idade Média, não somente nas décadas anteriores a 1933. Mas a perseguição em algum momento sempre havia cessado. Por tal motivo, muitas pessoas sustentavam a ilusão de que as Leis de Nuremberg pelo menos haviam trazido "clareza" e de que, após a fase de violência, a vida voltaria a se normalizar na Alemanha. Alguns chegaram a retornar do exterior e permaneceram no país até ser tarde demais para outra emigração salvadora. Num primeiro momento, muitos acreditavam na "revolução nacional" proclamada por Hitler contra a "humilhação de Versalhes", principalmente na primeira e radical fase de 1933-34, momento em que ainda parecia haver alguma chance de mudar o rumo dos acontecimentos.

Em termos de política exterior, Hitler foi extremamente habilidoso ao conclamar publicamente, como seu suposto

Posfácio à edição brasileira

objetivo inicial, a alteração das principais disposições do Tratado de Versalhes, que eram rejeitadas por todos os partidos na Alemanha. Seu primeiro sucesso na política exterior foi a assinatura da Concordata entre o Reich e a Santa Sé em 20 de julho de 1933, duas semanas depois da autodissolução do tradicional Partido do Centro Católico, induzida pelo próprio Vaticano. Para a Igreja, a concordata estava no contexto secular para garantir a sua existência através de tratados oficiais, fechados desde o século XIX — inclusive com a Itália fascista, em 1929. Porém, isso logo se revelou como uma ilusão fatal. Para Hitler, entretanto, a questão foi um êxito que teve grande repercussão dentro e fora do país. Para os setores católicos na Alemanha, em que predominava um distanciamento do nacional-socialismo, o reconhecimento oficial do regime por parte da Igreja tornou-se um grande problema. Isso também afetou os sacerdotes que trabalhavam com jovens e estavam extremamente preocupados com a situação. Alguns membros ou simpatizantes da Rosa Branca provinham desse ambiente católico. As igrejas protestantes dividiram-se numa "Igreja Confessante", que viria a preparar o solo para um grande leque de atividades de resistência, e os "Cristãos Alemães", que tentavam legitimar a ideologia nacional-socialista com argumentos teológicos.

A sequência de conquistas na área da política externa continuou se propagando desde então: em 1933, foi organizada uma gigantesca Romaria da Túnica Santa em que a SA assumiu a guarda de honra na Catedral de Treves (Trier). Entretanto, o objetivo era conquistar o apoio da Igreja para convencer a população, sobretudo da região do Sarre, a votar a favor da reintegração ao Reich alemão, agora nacional-socialista. O Tratado de Versalhes previa que tal região, que estava sob a administração da Liga das Nações desde 1920, realizasse um plebiscito em 1935. Trata-se da região de onde provinha Willi Graf. O resultado de quase 90% dos votos favoráveis à reintegração foi festejado pela propaganda nazista como o segundo grande êxito em termos de política exterior. Outros fatores que ajudaram a consolidar o regime foram: a reintrodução do serviço militar obrigatório; no mesmo ano, o tratado naval com a Grã-Bretanha, que pretendia frear o rearmamento "secreto" dos alemães e, na verdade, acabou sancionando-o; em 1936, a dominação da Renânia pelo exército alemão, região que fora desmilitarizada em 1919-1925. Tais acontecimentos também afetaram diretamente os futuros integrantes da Rosa Branca e seus familiares, já que os jovens estavam mais ou menos em idade de alistamento militar. Para muitos deles, o serviço militar de 1939 viria a desembocar na guerra e a devorar sua juventude inteira.

Esta breve caracterização permite vislumbrar por que os jovens também foram tão suscetíveis a criar ilusões acerca do verdadeiro caráter do regime. De uma forma geral, a população as compartilhava. Supondo que o radicalismo fosse apenas um problema inicial ocasionado pela situação devastadora depois da grande depressão, mais de um cidadão conseguiu tranquilizar — e enganar — a si mesmo. Nos primeiros anos, o apoio dado ao regime pelas elites conservadoras, como as representadas pelo professor Huber, não apresentava somente um aspecto moral. Aos poucos, o gradual reconhecimento de que as normas e o comportamento dos próprios cidadãos contribuíam de maneira decisiva para o fortalecimento do regime e de que os nacional-socialistas almejavam tudo menos uma política nacional-conservadora foi gerando planos de resistência até mesmo em círculos conservadores. E, numa perspectiva de longo prazo, essa experiência também preparou o terreno para que, depois de 1945, uma grande maioria das elites se distanciasse de uma política autoritária e passasse a apoiar uma Alemanha democrática. Nesse sentido, a resistência conservadora, que se formava

Posfácio à edição brasileira

timidamente, também expressava uma profunda transformação das elites alemãs.[17]

Por outro lado, o apoio de grande parte das elites ao regime também foi fundamental para criar possibilidades de resistência: em pouco tempo, elas eram as únicas que ainda ocupavam posições a partir das quais se poderia organizar a resistência com sucesso — principalmente no âmbito militar. De forma geral, social-democratas, comunistas e liberais eram rapidamente encaminhados a prisões e campos de concentração ou partiam para o exílio; em 1933, sua força política fora tolhida num período relativamente curto. Além disso, a Gestapo tinha cada vez mais êxito em desmantelar as estruturas ilegais que o partido comunista procurava criar, o que também potencializava o perigo para qualquer iniciativa de resistência que almejasse se aliar aos comunistas — inclusive as conservadoras. A história do atentado frustrado a Hitler no dia 20 de julho de 1944 é um dos exemplos mais evidentes. O fato de Claus Schenk von Stauffenberg ser, naquele dia, o único conspirador com acesso direto a Hitler, no seu posto de comando na Prússia oriental e, ao mesmo tempo, ser imprescindível no quartel-general do Exército na distante Berlim, devido à sua posição de comando para o exército de reserva, não só ilustra esse dilema, mas contribuiu significativamente para o fracasso da tentativa de golpe.

No entanto, quanto maior era o potencial para dissensão ou resistência, menores eram as chances de ações realmente eficientes. No cotidiano do serviço militar, por exem-

---

[17] Para análises e sínteses especialmente claras sobre estes itens, ver: Martin Broszat e Klaus Schwabe (orgs.), *Die deutschen Eliten und der Weg in den Zweiten Weltkrieg*, Munique, 1989; Klaus-Jürgen Müller (org.), *Der deutsche Widerstand, 1933-1945*, Paderborn, 2ª ed., 1990; Jürgen Schmädeke e Peter Steinbach (orgs.), *Der Widerstand gegen den Nationalsozialismus. Die deutsche Gesellschaft und der Widerstand gegen Hitler*, Munique e Zurique, 1985.

plo, a munição dos soldados que prestavam o serviço obrigatório era rigidamente controlada e, portanto, não podia ser desviada para cometer atentados. Por outro lado, depois do início da guerra, Hitler aparecia cada vez menos em público e, com o passar do tempo, nem aparecia mais.

Outro conflito fundamental para milhões de soldados — entre eles, os homens da Rosa Branca — era o juramento que cada um deles tinha que fazer pessoalmente ao Führer, possibilidade que a direção da *Reichswehr* oferecera a Hitler depois da morte de Hindenburg no início de agosto de 1934.[18] Eram justamente as questões acerca da legitimidade política e jurídica do regime nacional-socialista que estavam no centro das discussões nos panfletos da Rosa Branca. A resistência ativa, ou mesmo um atentado e, dependendo das circunstâncias concretas, também o não cumprimento de ordens não eram considerados atos de defesa da pátria — como no restante da Europa ocupada pelas tropas alemãs —, mas sim alta traição. E, portanto, eram atos penalizados como tais, embora o Código Militar da época isentasse os soldados de cumprir ordens propriamente criminosas. As ações da Rosa Branca foram consideradas alta traição — até mesmo depois da guerra — pela grande maioria dos soldados que estava em campanha na época.

Durante a guerra, somente a Justiça das Forças Armadas alemãs — sem contar a SS e outros órgãos — pronunciou em torno de 50 mil sentenças de morte contra os próprios soldados, das quais cerca de 20 mil foram executadas. Esses números não incluem as dezenas de milhares de ordens de envio ao *front* e o destacamento para uma "companhia penal", o que na prática equivalia a uma sentença de morte — tendo

---

[18] As pesquisas já estudam tal relação há bastante tempo. Ver principalmente Klaus-Jürgen Müller, *Das Heer und Hitler. Armee und nationalsozialistisches Regime, 1933-1940*, Stuttgart, 1969, 2ª ed., 1988.

em vista a maneira pouco profissional com que os alemães conduziam a guerra. A título de comparação: o exército dos EUA proferiu em torno de 750 sentenças de morte contra seus soldados, das quais pouquíssimas foram executadas. Além da longa duração do serviço militar, os soldados também sofriam outro tipo de pressão no cotidiano da guerra, marcado pelo permanente perigo e pelo medo da morte: a obrigação de solidariedade. Não se podia abandonar os camaradas à própria sorte.[19] Tudo isso ilustra o quanto essas condições extremas dificultaram o caminho desses jovens, que inicialmente tinham uma postura até positiva em relação ao regime, para chegar à resistência ativa.

FORMAS DE RESISTÊNCIA[20]

No início do pós-guerra na Alemanha ocidental, as formas evidentes e ostensivas de resistência, como o atentado de

[19] Ver, por exemplo, o impressionante estudo dos protocolos de escuta das conversas de soldados alemães em prisões de guerra sob controle dos aliados, numa cooperação entre história e psicologia social: Sönke Neitzel e Harald Welzer, *Soldaten. Protokolle vom Kämpfen, Töten und Sterben*, Frankfurt/M., 5ª ed., 2011 (várias traduções); Taschenbuch, Berlim, 2012 (edição espanhola: *Soldados del Tercer Reich: testimonios de lucha, muerte y crimen*, Barcelona, 2011, 2ª ed. 2012; edição brasileira: no prelo).

[20] Dentre a grande quantidade de obras panorâmicas, que também dão acesso aos extensos resultados de pesquisa mais específicos, mencionamos algumas: Peter Hoffmann, *Widerstand, Staatsstreich, Attentat, Der Kampf der Opposition gegen Hitler*, 4ª ed., Munique, 1985; Peter Steinbach (org.), *Lexikon des Widerstandes, 1933-1945*, Munique, 1994; Wolfgang Benz e Walter H. Pehle (orgs.), *Lexikon des deutschen Widerstandes*, 2ª ed., Frankfurt/M., 1994; Gerd R. Ueberschär (org.), *Handbuch zum Widerstand gegen Nationalsozialismus und Faschismus in Europa, 1933/1939 bis 1945*, Berlim e Nova York, 2011.

20 de julho de 1944, estavam no foco das atenções. Uma quantidade considerável de outras tentativas de atentado havia falhado; por exemplo, as que foram engendradas por militares como Rudolf von Gersdorff ou Henning von Tresckow. Em 8 de novembro de 1939, Hitler saiu mais cedo da cervejaria Bürgerbräukeller em Munique, antes que a bomba preparada pelo trabalhador Georg Elser explodisse. Algo parecido aconteceu em outras ocasiões. O coronel-general Ludwig Beck, figura fundamental do atentado de 20 de julho de 1944, já havia iniciado preparativos para um golpe de Estado em 1938, quando a política bélica de Hitler começou a conduzir o país a uma guerra generalizada que a Alemanha não poderia vencer. Mas, após o impedimento temporário de uma guerra através da convenção de Munique — que pressionou a Tchecoslováquia a ceder regiões habitadas predominantemente por pessoas de origem germânica —, não havia mais justificativa para um golpe.

Os primeiros passos da política do pós-guerra ainda estavam marcados pelos planos baseados em concepções autoritárias de um círculo em torno do ex-prefeito de Leipzig, Carl Goerdeler, que foi fortemente apoiado pelo industrial Robert Bosch. Entre os grupos que planejavam uma nova organização para a Alemanha, era o círculo de Kreisau que tinha uma concepção social e política mais ampla (o nome "Kreisau" remete à propriedade rural do conde Helmuth von Moltke, localizada na atual Polônia). O círculo era integrado por social-democratas, sindicalistas, representantes das Igrejas e da antiga nobreza. Através de Moltke e seu amigo Eivind Berggrav, bispo norueguês e um dos principais líderes da resistência, os panfletos da Rosa Branca chegaram às mãos dos aliados que, de avião, lançaram milhares de panfletos sobre a Alemanha. Thomas Mann, Prêmio Nobel de Literatura, divulgou-os internacionalmente através dos seus frequentes programas de rádio no exílio americano.

Posfácio à edição brasileira

Nas décadas que se seguiram à guerra, foram revelados muitos outros detalhes sobre a resistência, já que as pesquisas sobre o "Terceiro Reich" descobriram e exploraram cada vez mais novos aspectos e campos de estudo. Por um lado, a extensão, a motivação e as estruturas do apoio ao regime foram estudadas de maneira mais diferenciada e aprofundada. Por outro lado, evidenciaram-se outras formas de comportamento que podem ser incluídas no vasto campo da resistência. No âmbito mais estritamente individual, isso abrange atos de sabotagem feitos por trabalhadores alemães e estrangeiros, círculos de discussão das mais diversas tendências, como a primeira fase da Rosa Branca, a distribuição de panfletos, a organização de resistência nos campos de concentração, a oferta de esconderijos a judeus e a outras pessoas perseguidas ou a saudação explícita a cidadãos judeus em público, o que era proibido.

Martin Broszat classificou como "resistência" todas as formas de "rejeição, limitação e restrição efetivas ao regime nacional-socialista ou aos seus objetivos, independentemente da motivação, da justificativa ou da convicção individual" de cada um. Ian Kershaw usa o termo "dissensão" para designar as formas menos espetaculares de resistência. As obras mencionadas nas notas deste posfácio dão pistas para uma discussão mais ampla sobre essas tipologias, que não poderão ser abordadas a fundo aqui. É importante destacar que mesmo ações que, do ponto de vista atual, não seriam caracterizadas como resistência eram combatidas como tais pela Gestapo e de maneira sempre mais ampla, numa crescente radicalização da violência. Uma piada contada num restaurante, da qual se pudesse depreender qualquer tipo de dúvida sobre a "vitória final" da Alemanha, já podia levar a pessoa ao campo de concentração e à morte por "perfídia" e corrupção do poderio militar. O franco desespero que tomou conta dos governantes até o mais alto escalão do poder diante dos panfletos da Rosa Branca mostra o efeito que tais ações podiam provocar, apesar de não representarem nenhuma chance real de golpe.

Inge Scholl e a Rosa Branca

A trajetória do livro de Inge Scholl ilustra quanto o "Terceiro Reich" foi tema onipresente na Alemanha pós--guerra. No princípio, seu objetivo era redigir uma espécie de crônica de família, motivo pelo qual Hans e Sophie Scholl tiveram uma posição de destaque. Depois, tornou-se um livro direcionado ao público jovem. Os dois aspectos podem ser observados no estilo da autora. Mas, por fim, o livro acabou tendo uma repercussão internacional totalmente inesperada e se tornando o símbolo da coragem da juventude alemã durante o "Terceiro Reich". Muitos dados fornecidos por Inge Scholl são imprecisos e não são apresentados em ordem cronológica; além disso, acontecimentos de épocas diferentes são mencionados inesperadamente lado a lado. Mas de modo nenhum Inge Scholl reivindicou para si o papel de historiadora da resistência. Seu ensaio deve ser lido como testemunho de época que relata de maneira expressiva as pressões, experiências, reflexões e sofrimentos subjetivos vivenciados sob a ditadura. O ensaio também mostra quais recortes dos temas abordados nos panfletos lhe pareceram ter especial importância na primeira fase da Alemanha pós-guerra. Muitos fatos são verdadeiros: por exemplo, o papel, hoje amplamente documentado, da Juventude Hitlerista, com sua organização autoritária, para a formação da dissensão crescente entre os jovens, apesar de inicialmente ter sido recebida por eles com entusiasmo. Grupos como os "Piratas da Flor de Neve" ou a "Juventude Swing", que ouvia música americana, eram castigados por tal comportamento desviante, sendo

Posfácio à edição brasileira

confinados em campos de concentração para jovens e, muitas vezes, condenados à morte.

O efeito das experiências de terror causadas pelo partido, a guerra, as bombas, o medo pelos familiares na guerra, o medo da derrota e a total incerteza sobre o futuro da Alemanha — tudo isso contribuiu para idealizar a imagem daqueles que foram vitimados pelo regime publicamente. Muitos dos soldados sobreviventes haviam perdido seus anos de juventude. Ingressaram nas universidades para iniciar ou dar seguimento aos seus estudos numa idade relativamente avançada. Alguns preferiram não ser associados às tentativas de golpe dos seus colegas, enquanto outros viam nos panfletos contribuições importantes para um recomeço.

Nos anos do pós-guerra, a prioridade da Alemanha era a reconstrução material e política, o retorno às tradições democráticas da história alemã, contrariamente à visão, bastante difundida fora da Alemanha, de que o nacional-socialismo teria sido a expressão da própria "alma alemã", consequência de uma mentalidade de obediência servil aos dirigentes que seria parte do "caráter do povo alemão". Alguns políticos, cientistas e professores de cursos oferecidos para soldados nas zonas de ocupação dos aliados chegaram a identificar as raízes desse fenômeno até mesmo nos escritos de Lutero e atribuíam essa atitude ao militarismo e imperialismo — supostamente inato — dos alemães. Até hoje é possível ouvir ou ler tais interpretações, cujas origens remontam à psicologia antropológica do século XIX.

A reconstrução das instituições democráticas exigiu, em primeiro lugar, uma reflexão crítica sobre as razões que levaram as instituições a falharem nos anos 1930-33. Era necessário criar instituições novas, mais fortes, e resgatar a cultura política democrática. Até hoje, não é possível entender a República Federal da Alemanha sem conhecer a intensa e contínua discussão sobre o "Terceiro Reich". Além disso, a primeira década do pós-guerra foi marcada pela tentativa de esquecer os próprios traumas. Havia poucas possibilidades de tratamento psiquiátrico de traumas. Nos anos 1960, Alexander e Margarete Mitscherlich, a partir da experiência do seu próprio exercício da psiquiatria, analisaram a situação como um período de "incapacidade de luto", como melancolia no sentido dado por Sigmund Freud: a incapacidade de viver, caso o indivíduo assuma abertamente seus próprios atos.[21] Como em outras ditaduras, muitas vezes não era fácil separar claramente os "papéis" de perpetrador e de vítima. A maioria das pessoas acabava ficando sozinha com seus problemas — e se calava, seja para tentar deixar para trás seus traumas, seja para não ser penalizada pelos seus crimes.

Foi nesse contexto que surgiu o livro de Inge Scholl: os valores e as motivações morais da resistência, que foram redigidos de maneira tão pertinente nos panfletos da Rosa Branca, agora tornavam-se importantes para a reconstrução moral e política de um sistema parlamentarista na República Federal da Alemanha — modelo político que os panfletos já propunham que se instaurasse a longo prazo. Portanto, o livro de Inge Scholl está no cerne do debate sobre a configuração de uma nova forma de Estado.

Um segundo tema marcante naqueles anos alimentou o debate: a Guerra Fria. Os temas cruciais para a população que se defrontava com o processo de stalinização na zona de ocupação soviética e na RDA, que se radicalizava cada vez mais desde 1948, eram a liberdade e as eleições livres. Nas pesquisas atuais, esse aspecto tem sido interpretado como a principal motivação de Inge Scholl para dar destaque, no seu ensaio, ao tema da liberdade nos panfletos e instrumentalizar

---

[21] Alexander e Margarete Mitscherlich, *Die Unfähigkeit zu trauern. Grundlagen kollektiven Verhaltens*, Munique, 1967.

Posfácio à edição brasileira

a história dos seus irmãos nesse sentido.[22] Mas é bom ter cautela com julgamentos desse tipo: para entender a repercussão que os panfletos tiveram na República Federal da Alemanha, e em pouco tempo também fora dela, é conveniente ler os próprios textos dos panfletos. E neles é possível constatar essa exigência. Não faríamos jus ao amplo leque das motivações para a resistência durante o "Terceiro Reich" se perdêssemos de vista as metas originais de preparar "uma ordem social" em que "a justiça, a dignidade humana e a livre autodeterminação fossem garantidas, independentemente da respectiva filiação ideológica": são as palavras de Hans Mommsen, um dos primeiros e mais contundentes críticos da resistência conservadora, o qual considera que a resistência está mais originada nas estruturas do regime do que nas próprias ideias e ideologias.[23]

Mas é fato que Inge Scholl deu ênfase especial ao tema da liberdade. Nos próprios panfletos, fica evidente que o destacamento de Hans Scholl e Alexander Schmorell como oficiais enfermeiros no Leste os influenciou fortemente e os conduziu à segunda fase, de maior visibilidade pública do grupo. Esse exemplo é especialmente representativo no contexto da pesquisa da resistência: muitas vezes, uma única experiência parece ter lhe dado o impulso inicial, principalmente no caso da resistência nacional-conservadora. O exemplo da Rosa Branca demonstra um trajeto diferente: a rejeição dos estudantes da Rosa Branca ao regime havia crescido ao longo dos anos. Mas agora, diante dos fuzilamentos em massa e das deportações na Europa oriental, eles percebe-

[22] Christine Hikel, *Sophies Schwester. Inge Scholl und die Weiße Rose*, Munique, 2013.

[23] Hans Mommsen, "Die Opposition gegen Hitler und die deutsche Gesellschaft, 1933-1945", em Klaus-Jürgen Müller (org.), *Der deutsche Widerstand*, pp. 22-39, aqui pp. 38 ss.

ram o quanto suas análises dos crimes do regime ainda ficavam aquém da realidade. Eles parecem ter percebido a dimensão dos crimes a partir de alguns exemplos isolados, mas não tinham conhecimento do grau extremo que a violência havia alcançado: dos campos de extermínio em escala industrial como Treblinka ou Sobibor, para onde iam os trens de deportação que haviam visto em Varsóvia, por exemplo. Por outro lado, a vivência da guerra de extermínio também não deveria ser considerada isoladamente como forte motivação individual:[24] os argumentos ético-políticos iniciais e as críticas à condução da guerra se entrelaçam bastante nos panfletos.

Durante décadas, Inge Scholl colecionou um vasto material sobre a resistência, no sentido amplo do termo, e compilou alguns documentos nas edições posteriores do livro. Seu extenso legado só se tornou acessível há alguns anos no Instituto de História Contemporânea (Institut für Zeitgeschichte) em Munique e permite à pesquisa recente analisar com mais detalhamento as opções da autora e suas alterações nas sucessivas edições do livro.

Durante muito tempo, o grande sucesso do livro ofuscou o papel dos outros membros da Rosa Branca. Pois foram basicamente Alexander Schmorell e Hans Scholl, os cabeças e líderes intelectuais e políticos do grupo, que redigiram os panfletos; Willi Graf teve grande participação ao distribuir os panfletos a outros grupos em toda a Alemanha ou em localidades de Stuttgart, Friburgo, Hamburgo e do Sarre. Hoje em dia, sabemos muito mais sobre os outros integrantes do grupo do que nos anos 1960. Isso se deve em primeira instância a seus amigos e familiares, que relataram suas experiências e, aos poucos, permitiram o acesso a correspon-

---

[24] Detlef Bald estudou o tema mais a fundo: *Von der Front in den Widerstand*, Berlim, 2003.

Posfácio à edição brasileira

dências e outros documentos e, em alguns casos, também os publicaram — em parte, somente no século XXI.[25]

Vários materiais bastante extensos surgiram depois da reunificação alemã, entre eles os protocolos que a Gestapo lavrava dos interrogatórios e outros documentos processuais. Os documentos ficaram arquivados por muito tempo em Moscou e depois foram entregues à RDA, que só permitiu o acesso a pouquíssimos pesquisadores.[26] Por tal motivo, os depoimentos de testemunhas que integram o livro de Inge Scholl, que por sua vez refletem o momento da sua redação, podem ser relativizados quanto ao seu teor. Mas é interessante que em alguns quesitos eles também não possam ser totalmente refutados — por exemplo, a forma como o oficial da Gestapo que conduziu os interrogatórios se apresentou, em seu relato do início dos anos 1950, ressaltando o seu esforço de oferecer a Sophie Scholl saídas para que ela recebesse penas mais brandas.

Como também é o caso de depoimentos de testemunhas de época, o estudo dos documentos da persecução deve considerar uma série de fatores altamente complexos. Os protocolos dos interrogatórios são formulados pelos perseguidores. Mesmo afirmações possivelmente verídicas dos perseguidos

---

[25] Ver, entre outros: Inge Jens (org.), *Hans und Sophie Scholl. Briefe und Aufzeichnungen*, Frankfurt/M., 1984; Anneliese Knoop-Graf e Inge Jens (eds), *Willi Graf. Briefe und Aufzeichnungen*, Frankfurt/M., 1988; Christiane Moll (org.), *Alexander Schmorell, Christoph Probst. Gesammelte Briefe*, Berlim, 2011; Thomas Hartnagel (org.), *Sophie Scholl, Fritz Hartnagel: Damit wir uns nicht verlieren. Briefwechsel von 1937-1943*, Frankfurt/M., 2005.

[26] Ver, entre outros, a extensa documentação de Ulrich Chaussy e Gerd R. Ueberschär, *"Es lebe die Freiheit!" Die Geschichte der Weißen Rose und ihrer Mitglieder in Dokumenten und Berichten*, Frankfurt/M. 2013, que contextualiza minuciosamente as fontes segundo o estado da pesquisa e explora as dificuldades de interpretação.

podem camuflar um grande leque das mais diversas motivações, tais como a proteção de correligionários e familiares, estratégias processuais e até mesmo o medo da morte. Tendo em vista esses aspectos, as afirmações do professor Huber também devem ser interpretadas com muita cautela.

Nesse sentido, o livro de Inge Scholl ainda oferece aos leitores de hoje um acesso à Rosa Branca que une emoções e fatos. Quem quiser aprofundar o tema, pode consultar as fontes através das obras citadas nas notas deste posfácio e que hoje se encontram muito mais acessíveis ao público do que há alguns anos. Outras fontes, inclusive de acervos particulares, provavelmente ainda surgirão.

Continuará havendo divergências acerca dos objetivos do grupo, da importância das respectivas influências filosóficas[27] e políticas e das experiências pessoais na guerra de extermínio conduzida pelos alemães na Europa oriental, e também da sua relevância para a resistência como um todo. De uma forma geral, os diferentes estudos empreendidos desde a morte dos conspiradores refletem a grande extensão das abordagens que nos permitem entender a vida e a morte sob a ditadura nazista. Depois do assassinato dos estudantes, o ímpeto de extermínio mais para o final da guerra na Europa acabaria por se voltar contra a própria população, de maneira desenfreada.[28]

---

[27] Por exemplo, Barbara Schüler, em *"Im Geiste der Gemordeten..." Die "Weiße Rose" und ihre Wirkung in der Nachkriegszeit*, Paderborn, 2000, estuda a influência do *Renouveau Catholique* francês em torno do filósofo Jacques Maritain e alguns membros do grupo.

[28] Elisabeth Thalhofer, *Entgrenzung der Gewalt. Gestapo-Lager in der Endphase des Dritten Reiches*, Paderborn, 2010; Ian Kershaw, *Das Ende. Kampf bis in den Untergang: NS-Deutschland, 1944/45*, Munique, 2011 (*The End: The Defiance and Destruction of Hitler's Germany, 1944-1945*, Nova York, Penguin, 2011).

Apesar da complexidade metodológica da interpretação das fontes, o que se confirma segundo o estado da pesquisa em 2013 é a coragem desses estudantes, que impressionaram o regime a ponto de serem classificados como extremamente perigosos, embora nenhum deles tivesse possibilidades concretas de golpe; e, no breve intervalo entre sua detenção e sua execução, impressionaram as poucas pessoas com quem ainda tiveram contato, assim como seus panfletos impressionaram e ainda impressionam um público cada vez maior.

Saarbrücken/Paris, março de 2013

Glossário

Os verbetes deste glossário estão baseados nos sites indicados ou nas seguintes publicações: 1) Cornelia Berning, *Vokabular des Nationalsozialismus*, Berlim, De Gruyter, 2007 (VN); 2) Antonio Carlos de A. Azevedo, *Dicionário de nomes, termos e conceitos históricos*, Rio de Janeiro, Lexikon, 2012 (DTH); e 3) Wolfgang Benz, Hermann Graml e Hermann Weiß, *Enzyklopädie des Nationalsozialismus*, Munique, DTV, 1998 (EN).

Campo de concentração (*Konzentrationslager*)
Campo utilizado para detenção, exploração de trabalho e/ou extermínio de opositores do regime nacional-socialista, bem como de outros grupos de pessoas que, por razões racistas ou ideológicas, eram classificadas como inferiores e nocivas ao povo (como prisioneiros de guerra, homossexuais, ciganos e, principalmente, judeus). (VN)

Chefe de distrito, chefia de distrito (*Gauleiter, Gauleitung*)
Ocupante da maior posição hierárquica dentro daquelas que eram, depois do Reich, as maiores unidades territoriais e administrativas do partido nazista: as *Gaue* (singular: *Gau*). Nomeado diretamente por Hitler, o chefe de distrito era subordinado imediato do Führer. (VN)

Glossário

Compatriota (*Volksgenosse*)

Membro da Comunidade do Povo. Na acepção nacional-socialista, essa palavra possui uma acepção excludente, como fica evidente na seguinte passagem do "Programa do Partido Nacional-Socialista dos Trabalhadores", de 1920: "Só pode ser cidadão quem é compatriota. Só pode ser compatriota quem tem sangue alemão, independentemente de sua religião. Nenhum judeu pode, por esse motivo, ser compatriota". (VN)

Comunidade do Povo (*Volksgemeinschaft*)

Forma social propagada pelo regime nacional-socialista na qual classes sociais, partidos, pontos de vista divergentes e interesses individuais devem ser sacrificados em prol do bem comum de todos os compatriotas. Na acepção nacional-socialista, Comunidade do Povo é sinônimo de uma comunidade de sangue, estabelecida a partir de critérios de pureza racial. (VN)

Corrupção do poderio militar (*Wehrkraftzersetzung*)

Crime tipificado no "Decreto do Direito Especial de Guerra", de 17/8/1939, e punido, em geral, com a pena de morte. Era acusado de corromper o poderio militar quem, por exemplo, ordenasse ou incitasse alguém a não cumprir seu serviço obrigatório nas Forças Armadas do país. (VN)

Custódia protetora (*Schutzhaft*)

Detenção decretada pela polícia — sem julgamento, sentença ou amparo judicial — por tempo indeterminado e cumprida em presídios ou campos de concentração. Durante o nacional-socialismo, esse tipo de prisão não tinha como objetivo proteger o preso, como parece sugerir a designação, mas sim defender o Estado de ações subversivas. Através da custódia protetora, o nacional-socialismo disseminava terror e colocava em prática um de seus principais meios de repressão. (VN)

Detenção ou pena estendida aos parentes (*Sippenhaft* ou *Sippenstrafe*)
A justiça nacional-socialista determinava que os parentes próximos do réu também fossem presos pelos atos cometidos por ele. Segundo a lógica nacional-socialista, o círculo de pessoas próximas ao réu era corresponsável pelas falhas do mesmo, pois havia faltado com o dever moral de agir e impedir suas ações subversivas. (VN)

Escritório Central de Segurança do Reich (*Reichssicherheitshauptamt*)
Fundado no início da Segunda Guerra Mundial por Heinrich Himmler com o intuito de administrar os órgãos de segurança do Reich, bem como controlar os cidadãos que pudessem atentar contra a segurança do mesmo. Tornou-se um instrumento para eliminar opositores políticos, não arianos e os chamados "inimigos do Reich". (Fonte: http://www.topographie.de/historischer-ort/ns-zeit/das-reichssicherheitshauptamt/)

Forças Armadas nacional-socialistas (*Wehrmacht*)
Nome atribuído às Forças Armadas durante o Terceiro Reich (1935-1945) em substituição à *Reichswehr* da República de Weimar. Englobavam o Exército, a Marinha de Guerra e a Força Aérea. As Forças Armadas nacional-socialistas surgiram com um contingente total de 100 mil homens e chegaram a 36 divisões compostas por 550 mil. Após o final da Segunda Guerra Mundial, o termo para as Forças Armadas da Alemanha passou a ser *Bundeswehr*. (EN)

Führer

Palavra utilizada para se referir a Hitler e que, se traduzida literalmente, significa guia, líder. Führer passou a ser designação oficial do chefe de estado nacional-socialista a partir de 1934. Com o passar do tempo, adquiriu uma conotação quase religiosa e chegou a ser descrita por Goebbels (ministro da propaganda) como "concepção sagrada de Estado". (VN)

Gestapo (*Geheime Staatspolizei*)

Polícia política do regime nacional-socialista. Enquanto ramo independente da administração estatal, a Gestapo tinha como missão vigiar e combater todos os planos e ações que representassem ameaça à segurança do Estado, tais como alta traição, espionagem e ataques ao partido. (VN)

Guerra Total (*Totaler Krieg* ou *Totalkrieg*)

Guerra em que a antiga distinção entre combatentes e não combatentes é suspensa e todas as forças e recursos de uma população são mobilizados em prol da vitória. Termo criado no século XIX, foi incorporado à ideologia nacional-socialista pelo discurso de Goebbels em 1943. (VN)

Heil Hitler

Tradução literal: "Salve, Hitler". Saudação dos membros do partido nacional-socialista, transformada posteriormente em saudação oficial de todos os compatriotas. A não utilização desta saudação em público era interpretada como sinal de deslealdade ou subversão e podia estar sujeita a sanções. (VN)

Jornal *Völkischer Beobachter*

Jornal adquirido pelo partido nacional-socialista cuja principal atividade era a propagação da ideologia e divulgação de informações aos partidários. (Fonte: http://www.his-torisches-lexikon-bayerns.de/artikel/artikel_44345)

Jungenschaft
Menor unidade estrutural do *Jungvolk* e da Juventude Hitlerista. Consistia em grupos de aproximadamente dez rapazes. (VN)

Jungvolk
Subdivisão da Juventude Hitlerista para meninos entre 10 e 14 anos. É considerada o primeiro núcleo educacional do partido nacional-socialista. A adesão dos meninos em idade escolar ao *Jungvolk* e, assim, à Juventude Hitlerista, era obrigatória. (VN)

Juventude Hitlerista (*Hitlerjugend*)
Denominação da organização juvenil oficial do partido nacional-socialista, bem como de uma subdivisão desta, destinada a rapazes com idade entre 14 e 18 anos. Cabia à Juventude Hitlerista a tarefa de, aliada à família e à escola, preparar os jovens — corporal, mental e moralmente — para servir ao povo e conviver na Comunidade do Povo, agindo sempre de acordo com os preceitos ideológicos do nacional--socialismo. (VN)

Marrom (*braun*)
Cor do uniforme oficial do partido nacional-socialista, utilizado especialmente pelo esquadrão protetor (SS) e pela divisão de assalto (SA). A cor marrom passou a ser símbolo do nacional-socialismo em geral. (VN)

Membro do partido nacional-socialista (*Parteigenosse*)
Parteigenosse (*Pg.*) era muitas vezes utilizada como um título, anteposto ao sobrenome do afiliado. (VN)

Glossário 263

Nacional-socialismo (*Nationalsozialismus*)

Designação utilizada para se referir à ideologia do partido de Adolf Hitler (Partido Nacional-Socialista dos Trabalhadores Alemães). Na acepção de Hitler, as palavras "nacional" e "socialista" têm o mesmo significado: inserção incondicional na Comunidade do Povo e luta fanática contra tudo que seja nocivo a ela, especialmente contra os judeus. (VN)

Nocivo ao Povo (*volksfeindlich*)

Ao pé da letra significa aquilo ou aquele que é considerado inimigo ("Feind") do Povo ("Volk", no sentido dado ao termo pelo regime). Trata-se de um adjetivo empregado para qualificar atitudes, pessoas e objetos que não se adequam à ideologia do regime. (Fonte: http://gra.ch/lang-de/gra-glossar/186)

NSDAP (*Nationalsozialistische Deutsche Arbeiterpartei*)

Partido fundado em 5/1/1919 na cidade de Munique, ao qual Adolf Hitler se afiliou em setembro do mesmo ano. Em abril de 1920, o partido (inicialmente denominado "Partido dos Trabalhadores Alemães") passa a se chamar "Partido Nacional-Socialista dos Trabalhadores Alemães". É como membro deste partido que Hitler toma o poder e governa a Alemanha de 1933 a 1945. (VN)

Quartel de elite (*Ordensburg*)

Fortaleza do partido nacional-socialista para formação de suas futuras lideranças, que ali eram disciplinadas e doutrinadas. (VN)

Palácio de Wittelsbach (*Wittelsbacher Palais*)

O Palácio de Wittelsbach foi a sede principal da Gestapo, incluindo o presídio, a partir de 1933. Lá foram realizados os interrogatórios dos irmãos Scholl. O palácio foi destruído parcialmente em 1944 e totalmente demolido em 1964; atualmente o local é ocupado pela sede do Banco Nacional da Baviera. (Fontes: http://www.denkmaeler-muenchen.de/bauten/wittelsbacher.php; e http://www.sueddeutsche.de/muenchen/muenchner-strassen-tuerkenstrasse-wo-die-bohme-bohme-sein-darf-1.1134552-2)

Polícia secreta do Estado (ver Gestapo)

Presídio de Berlim-Plötzensee (*Strafgefängnis Berlin-Plötzensee*)
Este presídio foi um dos principais centros de execução de opositores políticos ao regime nacional-socialista, por exemplo, integrantes de grupos de resistência como a "Orquestra Vermelha" e o "Kreisauer Kreis". Calcula-se que cerca de 2.500 homens, mulheres e jovens foram executados no presídio. No local, foram condenados não só opositores explícitos, como também perpetradores de pequenos delitos que supostamente ameaçariam o regime. (EN) (Fonte: http://www.berlin.de/ba-charlottenburg-wilmersdorf/bezirk/lexikon/jvaploetzensee.html)

Presídio Stadelheim de Munique (*Gefängnis München-Stadelheim* ou *Strafgefängnis München-Stadelheim*)
Presídio no qual eram presas e executadas pessoas condenadas à morte pelo Tribunal do Povo, como os integrantes da Rosa Branca, além de outras vítimas do regime. Os irmãos Scholl, Willi Graf, Alexander Schmorell, Kurt Huber e Christoph Probst foram executados nesse local, e alguns deles foram enterrados no cemitério Perlacher Forst, próximo ao presídio. (Fonte: http://www.ns-dokumentationszentrum-muenchen.de/files/hingerichtet-in-munchen-stadelheim.pdf)

Procurador-geral do Reich (*Oberreichsanwalt*)
Procurador de justiça atuante como primeiro promotor de acusação, representante do Ministério Público do Reich, durante as audiências do Tribunal do Povo.

Prova de coragem no *front* (*Frontbewährung*)
Apesar do nome positivo, tipo de punição a soldados da *Wehrmacht* que eram enviados ao *front*.

Questão Judaica (*Judenfrage*)
Expressão de cunho antissemita criada pelo nacional--socialismo para designar a suposta impossibilidade de con-vivência entre judeus e não judeus. É utilizada tanto para se referir ao que na época se chamou de "problema racial" quanto para as medidas de exclusão e para o extermínio dos judeus em campos de concentração. (VN)

Reich
Se traduzido literalmente, o termo "Reich" significa "reino" ou "império". A expressão "Terceiro Reich" foi cria-da em 1923 pelo escritor alemão Moeller van den Bruck e posteriormente institucionalizada pelos nacional-socialistas, que a empregaram com intenção política: queriam se apoiar na tradição imperialista para justificar suas ambições expan-sionistas. (DTH)

SA (Divisão de Assalto do Partido) (*Sturmabteilung*)
Tropa política uniformizada e armada do partido nacio-nal-socialista, que liderava pancadarias e batalhas de rua sangrentas contra adversários políticos do Reich. Nas pala-vras de Hitler, a SA era a guardiã do ideal nacional-socialis-ta, bem como instrumento representativo e fortalecedor de sua ideologia. (VN)

SS (Esquadrão Protetor) (*Schutzstaffel*)
Tropa de elite do partido nacional-socialista, criada em 1925 com a missão de proteger Hitler. A partir de 1929, a SS passou a ser sistematicamente estruturada por Heinrich Himmler como instrumento de poder e terror do regime nacional-socialista. (VN)

Sub-homem (*Untermensch*)
Denominação utilizada com frequência pelos nacional-socialistas para se referir pejorativamente a judeus, poloneses, russos e comunistas, ou outros grupos considerados inferiores do ponto de vista moral e racial. (VN)

Subversivo (*staatsfeindlich*)
Ao pé da letra significa inimigo ("Feind") do Estado ("Staat"). Adjetivo utilizado de forma semelhante a nocivo ao povo para designar atitudes que representavam afronta à ideologia. (Fonte: http://gra.ch/lang-de/gra-glossar/186)

Serviço obrigatório do Reich (*Reichsarbeitsdienst* ou *Arbeitsdienst*)
Órgão estatal criado com a tarefa de organizar a prestação obrigatória de serviço para o Reich. A partir de 1935, todos os jovens alemães, de ambos os sexos, deviam realizar, durante meio ano, algum trabalho de utilidade pública. (VN)

Traidor do Povo (*Volksverräter*)
Termo atribuído àqueles que praticam atos considerados contrários à ideologia e postura nacional-socialista.

Tribunal do Povo (*Volksgerichtshof*)
Tribunal político, criado em 1934, estabelecido em Berlim por ordem de Hitler com a responsabilidade de julgar

Glossário

casos considerados crime pelo regime, como alta traição, traição à pátria e crimes políticos. (VN)

Tribunal Especial Político (*Sondergericht*)
Tribunal de exceção criado logo após a tomada de poder pelos nacional-socialistas. Era utilizado como instrumento de perseguição a adversários e tinha como objetivo julgar rapidamente crimes políticos. (VN)

Tusk (*Heldenfibel von tusk*)
Manual dos heróis (*Heldenfibel*) publicado em novembro de 1933 por Koebel, conhecido como "Tusk". Eberhard Koebel-tusk, o "alemão", foi fundador do "dj. 1.11" (Die Deutsche Jungenschaft vom 1/11/1929), grupo lendário da associação de jovens na República de Weimar. (Fonte: http://www.deutsche-biographie.de/sfz43604.html)

Waffen-SS
Unidades armadas da SS, assim designadas a partir de 1939. Surgiram com o objetivo de constituir uma tropa seleta para desempenhar tarefas específicas, tais como lutar na guerra (sob comando do exército) e vigiar os campos de concentração. (VN)

Créditos das traduções e das imagens

CRÉDITOS DAS TRADUÇÕES

Prólogo à edição alemã, *Ilse Aichinger* [pp. 15-6]
Juliana Pasquarelli Perez e Tinka Reichmann

A Rosa Branca, *Inge Scholl* [pp. 19-90]
Flora Azevedo Bonatto e Renata Benassi

Panfletos [pp. 91-111]
Anna Carolina Schäfer, Eline de Assis Alves e Eraldo Souza dos Santos

Citações reproduzidas nos Panfletos da Rosa Branca
Panfletos da Rosa Branca — I
Trechos de Schiller e Goethe: *Tercio Redondo*
Panfletos da Rosa Branca — II
Trechos de Lao-Tsé: *Juliana Pasquarelli Perez e Tinka Reichmann* (a
partir do texto alemão)
Panfletos da Rosa Branca — III
Trechos de Aristóteles: *Eraldo Souza dos Santos* (com base nas seguintes traduções: Aristóteles, *Política*, tradução, introdução e
notas de Mário da Gama Kury, Brasília, Editora da UnB, 1985,
p. 196; e Aristóteles, *Política*, tradução e notas de António Cam-
pelo Amaral e Carlos de Carvalho Gomes, Lisboa, Vega, 1998,
pp. 417-9)
Panfletos da Rosa Branca — IV
Trecho do *Eclesiastes*: *Eline de Assis Alves, Eraldo Souza dos Santos
e Anna Carolina Schäfer* (com base na tradução de João Ferreira
de Almeida (corrigida, revisada e fiel), *Eclesiastes*, 4, 1, http://
biblia.com.br/joao-ferreira-almeida-corrigida-revisada-fiel/ecle-
siastes/ec-capitulo-4/)
Trecho de Novalis: *Eline de Assis Alves*

Créditos das traduções e das imagens

Observações sobre os objetivos da Rosa Branca, *Inge Scholl* [pp. 113-20]
Luana de Julio de Camargo

Sentenças do Tribunal do Povo
Sentença contra Hans Scholl, Sophie Scholl e Christoph Probst, de 22
de fevereiro de 1943 [pp. 121-5]
Renata Benassi
Sentença contra Alexander Schmorell, Kurt Huber, Willi Graf, entre
outros, de 19 de abril de 1943 [pp. 126-38]
Anna Carolina Schäfer e Janaina Lopes Salgado

Relatos e testemunhos
Josef Söhngen [pp. 139-46]
Yasmin Cobaiachi Utida
Traute Lafrenz [pp. 147-56]
Yasmin Cobaiachi Utida
Lilo Fürst-Ramdohr [pp. 157-65]
Renata Benassi
Dr. Falk Harnack [pp. 166-85]
Anna Carolina Schäfer
Elisabeth Hartnagel-Scholl [pp. 186-8]
Anna Carolina Schäfer
Wilhelm Geyer [pp. 189-90]
Renata Benassi
Helmut Goetz [pp. 191-2]
Flora Azevedo Bonatto
Robert Mohr [pp. 193-203]
Yasmin Cobaiachi Utida
Helmut Fietz [pp. 204-5]
Yasmin Cobaiachi Utida
Dr. Leo Samberger [pp. 206-11]
Flora Azevedo Bonatto
Pastor Dr. Karl Alt [pp. 212-5]
Anna Carolina Schäfer e Eline de Assis Alves
Dr. Siegfried Deisinger [pp. 216-8]
Janaina Lopes Salgado

Reações e manifestações de apoio
Jornal *Münchner Neueste Nachrichten*, fevereiro de 1943 [p. 219]
Janaina Lopes Salgado

Thomas Mann, "Ouvintes alemães!", discurso radiofônico proferido em 27 de julho de 1943 [pp. 220-3]
Antonio Carlos dos Santos e Renato Zwick (excerto publicado em Thomas Mann, *Ouvintes alemães!* — *Discursos contra Hitler (1940-1945)*, Rio de Janeiro, Zahar, 2009, pp. 142-5, que gentilmente autorizou a sua reprodução)
Panfleto do "Comitê Nacional por uma Alemanha Livre" [pp. 224-7]
Anna Carolina Schäfer
Kurt R. Grossmann [pp. 228-9]
Janaina Lopes Salgado
Bispo Eivind Berggrav [p. 230]
Eline de Assis Alves

Anexos
Rascunho do sétimo panfleto da Rosa Branca por Christoph Probst [pp. 233-4]
Anna Carolina Schäfer
Discurso de defesa diante do Tribunal do Povo por Kurt Huber [pp. 235-8]
Eraldo Souza dos Santos e Tinka Reichmann

A Rosa Branca no contexto da resistência alemã durante o "Terceiro Reich", *Rainer Hudemann* [pp. 239-58]
Juliana Pasquarelli Perez e Tinka Reichmann

Coordenação das traduções e revisão
Juliana Pasquarelli Perez e Tinka Reichmann

CRÉDITOS DAS IMAGENS

Hans Scholl (© Família Scholl) [p. 25]

Alexander Schmorell (© Angelika Probst) [p. 39]

Christoph Probst (© Angelika Probst) [p. 41]

Willi Graf (© Família Graf-Knoop, Joachim Baez) [p. 43]

Sophie Scholl (© Família Scholl) [p. 45]

Kurt Huber (© Wolfgang Huber) [p. 51]

Panfletos da Rosa Branca — VII (© Bundesarchiv ZC 13267, Bd. 5, Blatt 25 + 26) [pp. 231-2]

Este livro foi composto em Sabon,
pela Bracher & Malta, com CTP da
New Print e impressão da Graphium
em papel Pólen Soft 80 g/m² da Cia.
Suzano de Papel e Celulose para a
Editora 34, em julho de 2020.